DELIUS KLASING

Gitta Beimfohr • Christoph Listmann

ERLEBNIS TRANSALP

• Planung & Durchführung • Training & Ausrüstung
• Mit Profitipps zur Transalp-Challenge

Delius Klasing Verlag

Außerdem ist von Christoph Listmann im Delius Klasing Verlag erschienen:
Mountainbike Marathon

Bibliografische Information der Deutschen Nationalbibliothek
Die Deutsche Nationalbibliothek verzeichnet diese Publikation in der Deutschen Nationalbibliografie; detaillierte bibliografische Daten sind im Internet über http://dnb.d-nb.de abrufbar.

3. Auflage
ISBN 978-3-7688-1765-3

Umschlaggestaltung: Gabriele Engel
Layout: Christian Renner, rupa design, München
Reproduktionen: d+d GmbH, Bad Oeynhausen
Druck: Kunst- und Werbedruck, Bad Oeynhausen
Printed in Germany 2008

Delius Klasing Verlag, Siekerwall 21, D - 33602 Bielefeld
Tel.: 0521/559-0, Fax: 0521/559-115
E-Mail: info@delius-klasing.de
www.delius-klasing.de

Vorwort

Der Schweiß tropft in die Brille, die Lunge pumpt, die Gedanken rasen und rasten abwechselnd. Der Augenblick verfliegt, jede Kurbelumdrehung zählt. Jeder Tritt bringt mich näher zum Himmel, zum Gipfel, dort wo die Anstrengungen ein Ende haben. „Weiter, immer weiter", befiehlt das Hirn. Die Tragepassage lässt die Schultern schmerzen, jeder Schritt muss sitzen. Plötzlich stehe ich auf der Passhöhe und atme 360 Winkelgrad Panorama ein!

Die Faszination einer Alpenüberquerung speist sich aus dem ständigen Wechsel von Gipfelglück und Adrenalinrausch. Grenzerfahrung und Freude liegen nah beieinander. Die Momente des Leidens vergisst man schnell. Was bleibt, sind Erlebnisse, die man im Kopfkino wieder und wieder abspielen kann.

Ein Bike, ein Rucksack und ein paar gute Freunde reichen aus, um dem Alltag zu entfliehen und Erlebnisse fürs Leben zu sammeln. Schon auf dem ersten Gipfel sind die Sorgen abgeschüttelt und der Stress des Alltags im Tal in weite Ferne gerückt. Herzrasen bekommt man von nun an allenfalls durch das Adrenalin einer schwierigen Abfahrt.

Als der Transalp-Pionier Andi Heckmair 1990 von der ersten Alpenüberquerung überhaupt zurückkehrte, beschrieb er seine Begeisterung mit folgenden Worten: „Neben den unvergesslichen optischen Höhepunkten ist das Schönste für mich, abends so richtig müde, hungrig und durstig zu sein – und dann alle diese Bedürfnisse stillen zu können. Das tolle Gefühl, mit sich und der Welt zufrieden zu sein, lässt sich durch nichts ersetzen. Und man kann es nicht kaufen!"

Viel Spaß bei Ihrer Alpenüberquerung!

Gitta Beimfohr
Christoph Listmann

Inhalt

Einleitung 8

1. Transalp-Höhepunkte
Faszination Transalp – auf den Spuren Hannibals 10

2. Die Idee wird geboren
Transalp-Planung – Vorbereitung, Routen, Unterkünfte, alleine oder geführt 22

3. Wer suchet, der findet!
Karten lesen – Planen und Navigieren 48

4. Clever packen!
Transalp-Ausrüstung – das muss mit! Vom Bike bis zum Kartenmaterial 56

5. Fit für die Alpen – die Vorbereitung auf lange Anstiege und Abfahrten 70

6. Endlich unterwegs – so kommen Sie gut rüber 98

7. Alpine Gefahrenzonen – Unwetter und Erste Hilfe 108

8. Könige der Alpen
Transalp als Rennen – Die Profitipps für die BIKE Transalp-Challenge 124

Lexikon/Stichwortverzeichnis 148

Einleitung

Erlebnis Transalp – von der Vision zur Volksbewegung

160 000 Biker packen jedes Jahr ihren Rucksack und strampeln über die Alpen. Die einen zum ersten Mal, die anderen haben bereits aufgehört zu zählen, viele weitere träumen noch davon. Dieses Buch soll jedem Alpenüberquerer eine Hilfe sein!

Als der Alpenexperte Andi Heckmair 1990 den Bericht über seine erste Alpenüberquerung im gerade erst erschienenen Fachmagazin BIKE veröffentlichte, damals von Oberstdorf an den Gardasee, konnte er nicht ahnen, was sein Abenteuer nach sich ziehen würde. Damals war die Mountainbike-Welle kurz zuvor über Deutschland geschwappt, und das neue Bike-Konzept hatte Alpenüberquerungen jenseits des Asphalts überhaupt erst ermöglicht.
Heckmair löste mit seiner Expedition einen Boom aus, der bis heute ungebrochen ist. Alpenüberquerungen mit dem Mountainbike sind heute, gut fünfzehn Jahre später, das größte Thema in der Szene.

160000 Biker packen laut einer Umfrage der Uni Innsbruck jedes Jahr ihren Rucksack, um dieses einzigartige Abenteuer in Angriff zu nehmen. Die einen zum ersten Mal, die anderen haben bereits aufgehört zu zählen, viele weitere träumen noch davon. Eine Alpenüberquerung mit dem Bike ist ein Erlebnis fürs Leben, gilt als die Königsdisziplin, als der Ritterschlag für Biker.
Im 1200 Kilometer langen Alpenbogen findet jeder seine persönliche Herausforderung. Die Ziele und Routen sind dabei sehr unterschiedlich, aber die Motivation ist bei allen gleich: „Ich will es schaffen! Ich will es erleben!" Mehr als 20 Reiseveranstalter bieten pro Jahr knapp 140 verschiedene geführte Alpenüberquerungen an. Wellness-Touren, Extrem-Varianten, Transalp für Ladys oder auch für Freerider. Bei der sportlichsten Version einer Alpenüberquerung, der „BIKE Transalp-Challenge", rollen jährlich mehr als 1000 Biker an die Startlinie in Mittenwald.

Ob Sie sich selbst organisieren oder eine geführte Tour machen, welche Route Sie auch wählen – die Aussichten sind auf jeden Fall fantastisch: Karwendel, Kitzbüheler und Zillertaler Alpen, Silvretta, Ortler, Dolomiten, Brenta – die landschaftlichen Höhepunkte einer Transalp folgen aufeinander wie die Serpentinen einer Passstraße. Die Flucht aus dem Alltag hat viele Namen: Pfitscherjoch, Eisjöchl, Forcella Ambrizzola oder Riva del Garda.

Laut einer Umfrage von Alpen-Pionier und BIKE-Magazin-Gründer Uli Stanciu dauert die Durchschnitts-Transalp sieben Tage, geht über 450 Kilometer und 12500 Höhenmeter. Das bedeutet 65 Kilometer und 1800 Höhenmeter pro Tag. Die Extremform der Alpenüberquerung, die Transalp-Challenge, führt über etwa 650 Kilometer und 21000 Höhenmeter, ehe man sich das begehrte Finisher-Shirt überstreifen kann. Doch für die meisten Menschen hat eine Transalp nichts mit der Jagd nach Zeiten und Platzierungen zu tun. Das Schönste am Abenteuer Transalp ist: Jeder kann es schaffen! Die Alpen sind für alle da, bieten für jeden etwas, man muss sich den Trip nur passend machen. Gut vorbereitete Einsteiger werden bei einer Tour über vier Tage all die Erlebnisse, das Gipfelglück und den Adrenalinrausch, Freundschaft, Anstrengung und Freude erleben, die eine Transalp ausmachen. Aber die Vorbereitung zählt: Gute Planung von Route, Ausrüstung und Training vor einer Alpenüberquerung sind entscheidende Faktoren für ein erfolgreiches Finish.

In diesem Buch finden Sie Anleitungen für sämtliche wichtigen Aspekte: von der Wahl einer für die Gruppe geeigneten Strecke zur perfekten Ausrüstung; vom detaillierten Trainingskapitel über überlebenswichtige Tipps für unterwegs bis hin zur Vorbereitung des Rücktransports.

Viel Erfolg bei der Planung und Umsetzung!

Transalp-Höhepunkte

Gute Gründe, die Anstrengung auf sich zu nehmen...

Ortler-Massiv: Keine Frage – die Auffahrt bis ins Eiswürfelfach der Alpen ist lang und kräftezehrend. Aber möchte man diesen Gletscherblick im Sommer mit einem Liegeplatz am überfüllten Baggersee tauschen?

Die schönsten Gebirgsgruppen:
Dolomiten, Brenta, Karwendel, Bernina, Stilfserjoch-Nationalpark

„Festsaal der Alpen“ nennen die Graubündener ihre 4000 Meter hohe Bernina-Gruppe. Und sie haben Recht, denn in kaum einer anderen Alpenregion führen die Trails so nah am Gletschereis vorbei. Hier die Alp Grüm am Piz Palü.

Die schönsten Panorama-Wege:
Raschötzer Höhenweg, Forcella Ambrizzola, Val Venegia, Fanestal, Val Mora
Passo del Gallo, Val d'Uina

Gerade hat man noch mit sich und dem Berg gekämpft, da öffnet sich das Tor zu einer anderen Welt – die Panoramawege sind das Elixier einer Alpenüberquerung. So wie hier der Einstieg ins berühmte Fanestal (Nationalpark Fanes-Senes-Prags).

Die leichtesten Hauptkamm-Passagen:
Brenner-Grenzkamm, Pfitscher Joch, Reschenpass, Geiseljoch

Eine wirklich leichte Alpenüberquerung gibt es nicht, denn einmal müssen Sie über den Hauptkamm. Aber Sie können es sich so leicht wie möglich machen, indem Sie einen Übergang ohne Tragepassage wählen – so wie hier den Brenner-Grenzkamm.

Wer seine Route über die längsten und kräftezehrendsten Pässe der Alpen legt, ist entweder Masochist oder Genießer. Denn je höher man klettert, desto atemberaubender die Landschaft, desto abenteuerlicher die Abfahrtstrails. Hier: das Madritsch-Joch.

Die härtesten Pässe der Alpen:
Madritsch-Joch (3123 m), Eisjöchl (2908 m), Pfunderer Joch, Krimmler Tauern, Tuxer Joch, Passo di Campo

Die schönsten Abfahrtstrails der Alpen:
Fimberpass, Forcella Ambrizzola, Wildkogel-Trail, Monte Fertazza, Monte Finonchio, Septimer-Pass, Montozzo-Trail

Wo es rauf geht, da geht es auch wieder runter: Dieser Gedanke hilft vielen Alpenüberquerern über den Berg. Wer aber nicht nur abwärts rollen, sondern sich mit einer Herausforderung belohnen möchte, braucht Trails wie diesen am Monte Fertazza.

Die Idee wird geboren

Eine Alpenüberquerung beginnt mit der Planung und vielen Fragen: Wann? Mit wem? Wo fahren wir lang? In diesem Kapitel finden Sie alle Grundregeln zur Planung Ihrer Tour und die Antworten auf die klassischen Fragen zu Etappeneinteilung, Übernachtung und Kosten.

Meistens passiert es während einer Tour bei der Hütten-Rast. Plötzlich wirft einer die Frage in die Runde: **„Wie wäre es denn mal mit einer Alpenüberquerung?“** Und welcher begeisterte Tourenfahrer hat noch nicht davon geträumt, einmal aus eigener Kraft über die schönsten Alpenpässe zum Gardasee zu touren. Eine Woche nur ich, mein Bike, nette Leute, grandiose Landschaft und danach das großartige Gefühl, es geschafft zu haben. Eine Alpenüberquerung gilt mittlerweile als die Königsdisziplin, als der Ritterschlag für Hobby-Biker. Und eigentlich ist alles ganz leicht: Einfach ein paar nette Leute zusammentrommeln, eine Route festlegen, Rucksack packen und los geht's. Eben genau so wie bei einer Tagestour, nur mit etwas mehr Gepäck – wenn Sie großes Glück haben, kommen Sie mit diesem Minimal-Aufwand tatsächlich reibungslos über alle Berge.

Doch die meisten Alpenüberquerer, die ohne besondere Vorbereitung unterwegs waren, kommen mit diversen neuen Erkenntnissen zurück: „Das nächste Mal würde ich dieses und jenes aber ganz anders machen.“

Nutzen Sie die aus über 15 Jahren gesammelten Erfahrungen für Ihre eigene Alpenüberquerung! Mit dem Lesen dieses Buches schließen Sie alle Anfänger-Fehler von vornherein aus. Sie sind für schwierige Situationen im Hochgebirge gewappnet und können dementsprechend professionell reagieren. Wenn Sie dann noch den vorgeschlagenen Trainingsplan in die Tat umsetzen, haben Sie Ihr persönlich gestecktes Ziel „Alpenüberquerung“ schon halb in der Tasche. Und keine Angst: Eine optimale Vorbereitung ist zwar mit Zeitaufwand und Arbeit verbunden, aber Sie werden schnell merken, dass diese Art von Arbeit viel Spaß macht und die Vorfreude nur größer wird!

Die optimale Gruppe finden

Nachdem der Entschluss zu einer Alpenüberquerung gefasst ist, stellt sich meist die grundlegend wichtige Frage: Wen nehme ich mit? Geteiltes Leid ist halbes Leid, geteilte Freude ist doppelte Freude – schon deshalb sollten Sie die Alpen auf keinen Fall alleine überqueren. Die optimale Gruppenstärke liegt zwischen drei und fünf Teilnehmern. So können Sie sich im Falle einer Panne oder eines Unfalls gegenseitig helfen. Außerdem können Sie Zusatzgepäck, das man nur einfach braucht, wie Kartenmaterial, Werkzeug, Erste-Hilfe-Set oder Fotoausrüstung, auf mehrere Rucksäcke verteilen.

Eine Gruppe von mehr als fünf Teilnehmern kostet dagegen deutlich mehr Zeit, nicht nur wegen des erhöhten Pannenrisikos. Sie warten schon morgens länger, bis alle startklar sind, bis nach der Einkehr alle bezahlt haben, bis sich auf der Passhöhe alle umgezogen haben und bis auch der Letzte den Abfahrtstrail gemeistert hat. Wenn Sie trotzdem in einer größeren Gruppe fahren wollen, sollten Sie das durch eine kürzere Etappenplanung entsprechend berücksichtigen.

Einer für alle, alle für einen

Beachten Sie aber bei der Auswahl der Teilnehmer: Wer die Alpen überquert, braucht nicht nur eine gute Kondition. Er sollte gruppentauglich, flexibel, rücksichtsvoll und auch in Stresssituationen belastbar sein. „Mut zur Umkehr“ kann in extremen Situationen wichtig sein. Falscher Ehrgeiz vergiftet dagegen das Klima in der Gruppe und kann das gemeinsame Vorhaben vorzeitig beenden. Die Motivation sollte bei allen Teilnehmern ähnlich sein. Einer für alle, alle für einen – mit diesem Motto kommen Sie im Team gut über alle Berge. Und das erreichen Sie am besten, wenn Sie alle Teilnehmer bereits in die Planung mit einbeziehen. Verteilen Sie die Aufgaben wie Routenplanung, Buchung der Unterkünfte, Besorgung von Ersatzmaterial, Erste Hilfe (Auffrisch-Kurs belegen) und die Organisation des Rücktransports. So trägt jeder Teilnehmer schon im Vorfeld zum guten Gelingen der Transalp bei und wird sich auch unterwegs verantwortlich fühlen.

Der beste Zeitraum

Drei Norddeutsche kehrten vor ein paar Jahren enttäuscht von ihrer ersten Etappe wieder nach Mittenwald zurück: Niemand habe ihnen gesagt, dass sie im Karwendeltal einen Gletscher überqueren müssten …

Doch im Karwendel gibt es keinen Gletscher. Das Problem war: Die drei Norddeutschen wollten die Alpen im Mai überqueren. Doch zu dieser Zeit liegt auf vielen Passübergängen einfach noch Schnee! Auch Reste von Lawinen können im Frühjahr immer wieder den Weg versperren. Der meterhohe, steinhart gepresste Schnee ist oft erst Ende Juni geschmolzen. Noch hartnäckiger kleben die Schneefelder auf den Passübergängen im Alpenhauptkamm (z. B. Pfunderer Joch, 2568 m). Das Problem sind nicht nur die nassen Füße, die Sie sich auf diesen gefährlich rutschigen, zeit- und kraftraubenden Passagen holen. Ausgedehnte Schneefelder verdecken auch Wegmarkierungen und Abzweige, die Sie verpassen könnten.

Der beste Zeitraum für eine Alpenüberquerung liegt daher zwischen Ende Juni und Mitte September. Wobei man im Juni, Juli, aber auch im August

Mitfahrer suchen und finden

Wenn Sie bereits Mitglied einer eingeschworenen Touren-Gruppe sind, werden Sie kaum Probleme haben, konditionell passende Partner zu finden. Achten Sie dann aber darauf, dass Sie den Schwierigkeitsgrad der Route nach dem schwächsten Teilnehmer ausrichten.

Wenn Sie noch nicht die richtigen Partner gefunden haben – hier werden öfter Transalp-Mitfahrer gesucht und gefunden: im Kleinanzeigenteil der Fachmagazine oder in Internet-Foren .

verstärkt mit Wärmegewittern rechnen muss (siehe Wetter auf Seite 111). Im September ist die Wetterlage zwar meist stabiler und es gibt klarere Fernsichten, aber die Tage werden schon deutlich kürzer. Wenn Sie Pech haben, geraten Sie ab September bereits in den ersten Wintereinbruch.

Das Zeitfenster für Alpenüberquerer ist also aufs Jahr gesehen relativ klein. Und je größer die Gruppe, desto schwieriger wird es, einen passenden Termin für die gemeinsame Tour zu finden.

TIPP Beginnen Sie Ihre Alpenüberquerung nicht am Wochenende! Freitags, samstags und sonntags starten sämtliche Veranstalter mit ihren großen Gruppen. Sie belegen nicht nur die Unterkünfte, sondern verstopfen auch die Trails. Starten Sie stattdessen in der Woche, also von Montag bis Donnerstag, weichen Sie großem Andrang aus.

Typischer Fall von Frühstart: Bis Ende Juni müssen Sie an den Pässen im Alpenhauptkamm in jedem Fall mit Schnee rechnen. Hier ist ein Darüberklettern möglich. Größere Schneefelder können dagegen gefährlich sein und Wegabzweige verdecken.

Die Routenplanung

Bevor Sie nun mit der Routenplanung beginnen: Diskutieren Sie mit der Gruppe Ihre persönliche Zielsetzung.

1 **Route:** Wie anspruchsvoll (in Bezug auf Kondition und Fahrtechnik) darf die Route werden? Was wollen Sie erleben?

2 **Unterkünfte:** Welcher Komfort und welche Preisklasse schweben Ihnen vor?

3 **Gepäckfrage:** Transportieren Sie Ihr Gepäck im Rucksack oder organisieren Sie sich einen Gepäcktransport?

4 **Rücktransport:** Wie kommen Sie wieder zurück nach Hause?

1 Der Anspruch der Route richtet sich immer nach dem schwächsten Teilnehmer. Denn falls einer unterwegs schlapp macht und ein Etappenziel nicht erreicht, steht die ganze Gruppe vor einem Problem.
Also bedenken Sie vor der Streckenplanung: Eine wirklich leichte Alpenüberquerung gibt es nicht. Sie werden etwa eine Woche unterwegs sein, jeden Tag im Sattel sitzen und dabei stundenlang nur bergauf kurbeln. Auch die kilometerlangen Abfahrten dürfen Sie nicht unterschätzen. Für Mountainbiker sind Downhills in den Alpen selten erholsam. Vor allem im Hochgebirge lauern meist anspruchsvolle Pfade. Sie kosten Kraft und Konzentration. Selbst dann, wenn Sie vermeintlich einfache Wege wählen.
Viele Biker aus den Mittelgebirgen sind zum Beispiel immer wieder überrascht: Ein Schotterweg im Hochgebirge hat mit den feingekieselten Schotterwegen im Schwarzwald nichts zu tun. In den Alpen schlingern die Reifen ab einer Höhe von 1000 Metern oft durch breite Wannen voll scharfkantigem Geröll, in der Größe von Billard-Kugeln. Aber dazu später mehr (siehe Schwierigkeitsgrad, Seite 33).

2 Die Diskussion um die Unterkünfte ist deshalb für die Routenplanung wichtig, weil Sie damit nicht nur den Komfort und die Kosten Ihrer Tour bestimmen. Sie legen damit auch fest, ob Sie Ihre Tagesetappen lieber mit einem Anstieg (Übernachtung in Pension/Hotel im Tal) oder einer Abfahrt (Übernachtung auf der Hütte) beginnen. Mehr zur Unterkunftswahl steht auf Seite 42.

3 Die Gepäck-Frage entscheidet über Ihren Komfort unterwegs. Wenn Sie Ihr Gepäck ganz klassisch im Rucksack transportieren, hat die Frage keinen Einfluss auf Ihre Streckenwahl, Sie können jede Berghütte ansteuern. Finden Sie aber jemanden, der das Gepäck mit dem Auto von Unterkunft zu Unterkunft transportiert, brauchen Sie Etappenziele, die mit dem Auto erreichbar sind (also eher Pension/Hotel im Tal).

Schotter-Abfahrten können in den Dolomiten auch mal etwas gröber ausfallen, als zu Hause. Rechnen Sie damit!

4 Der Rücktransport sollte vor allem dann vor der Routenwahl geklärt werden, wenn Ihre Transalp nicht am Gardasee endet. Denn vom Gardasee wieder nach Hause zu kommen, ist kein Problem: entweder mit dem Zug von Rovereto aus oder mit den diversen Shuttle-Diensten, die sich mittlerweile auf Transalp-Heimfahrer spezialisiert haben. Von anderen Orten aus gestaltet sich der Rücktransport schwieriger. Außer natürlich, Sie leisten sich einen Fahrer mit Kleinbus, der Sie und Ihre Partner am Zielort abholt.

Transalp-Routen

Diese elf Transalp-Routen wurden bereits im BIKE-Magazin vorgestellt und können zum Teil angefordert werden bei:

BIKE-Magazin, Steinerstr. 15, 81369 München, Tel. 089/72960-20, www.bike-magazin.de

- **Ehrwald zum Gardasee, Via Claudia (leichte Variante), (BIKE 4/02):** 344,8 Kilometer (km) und 3857 Höhenmeter (hm) über 5 Etappen
- **St. Anton nach Poschiavo (BIKE 5/01):** 186,7 km/5567 hm/4 Etappen
- **Mittenwald nach Montan (BIKE 5/96):** 333 km/9500 hm/6 Etappen
- **St. Anton zum Gardasee (BIKE 3/98):** 330 km/10 332 hm/8 Etappen
- **Innsbruck zum Gardasee (BIKE 5/95):** 323 km/10 640 hm/7 Etappen
- **Oberstdorf zum Gardasee (die original Heckmair-Route) (BIKE 8/91):** 320 km/11 000 hm/10 Etappen
- **Lenggries zum Lago di Santa Croce (BIKE 2/97):** 401 km/11 690 hm/10 Etappen
- **Brenner zum Gardasee (BIKE 5/97):** 410 km/12 015 hm/8 Etappen
- **Ehrwald zum Gardasee, Via Claudia (schwere Variante), (BIKE 4/02):** 588,5 km/20 293 hm/9 Etappen
- **Mittenwald zum Gardasee (Transalp Challenge-Route, BIKE 7/01):** 670 km/21 800 hm/8 Etappen
- **Westalpen:** Genfer See zum Mittelmeer (BIKE 6/98): 810 km/26 400 hm/14 Etappen

Die Routenwahl

„Und welche Strecke fahren wir?“ Der komplette Alpenbogen ist gigantisch. Von Wien bis Nizza an der Côte d‘ Azur misst er insgesamt 1200 Kilometer. Dementsprechend viele Möglichkeiten gibt es, die Alpen in Nord-Süd-Richtung zu überqueren. Und nach 15 Jahren Alpenüberquerungen gibt es wohl kaum mehr einen Pass, der noch nicht mit dem Bike bezwungen wurde. Bleibt nur die Frage, welche dieser Routen für Sie in Frage kommt.

Mit der Wahl der Route verhält es sich wie mit dem Kochen von Nudeln: Es gibt verschiedene Möglichkeiten, zu einem Teller Spaghetti zu kommen: Sie können die Nudeln in komplizierten und arbeitsintensiven Schritten komplett selbst kneten, ausrollen, formen und kochen. Doch gerade als Anfänger laufen Sie dabei Gefahr, dass die Nudeln nichts werden. Klappt es dagegen, schmeckt die selbst gemachte Pasta besser als beim Italiener.

Übersetzt auf Ihre Transalp-Routenplanung bedeutet das: Sie können sich Ihre Strecke natürlich komplett selbst aus den Landkarten tüfteln. Dazu benötigen Sie allerdings viel Zeit und eine solide alpine Erfahrung. Trotzdem bleibt die Wahrscheinlichkeit, dass Sie sich hier bei den Etappenlängen und Ihren körperlichen Fähigkeiten verschätzen, relativ groß. Sie können sich den ganzen Aufwand aber auch sparen, denn wie bei den Nudeln gibt es mittlerweile auch bei der Routenwahl wesentlich einfachere Möglichkeiten.

A Eine geführte Tour: die komfortabelste Variante

Sie gehen ins Restaurant, bestellen sich einen Teller Nudeln und haben gar keine Arbeit – dafür ist das Essen aber auch teurer: Sie buchen also eine Tour beim Veranstalter. Gerade für Einsteiger, die zwar körperlich fit, aber zum ersten Mal in den Alpen unterwegs sind, ist das die empfehlenswerteste Variante. Aber auch für Leute, die schlichtweg keine Zeit für die Planung haben, keine entsprechenden Tourenpartner finden, oder

sich in den Alpen zu wenig auskennen, um eine lohnenswerte Route zusammenzustellen.
Die Guides kennen den Weg und kümmern sich um Gepäcktransport, Unterkünfte, Pannenhilfe und Rücktransport. Sie selbst müssen sich nur anmelden und dürfen sich dann ganz aufs Biken konzentrieren. Doch dieser Rundum-Service hat natürlich seinen Preis. (Mehr zu den Veranstalter-Touren siehe Seite 46)

B Fertige Routen: aussuchen und losfahren

Nach 15 Jahren Transalp gibt es bereits fertig ausgearbeitete Routen in verschiedenen Schwierigkeitsgraden. Tourenbeschreibungen samt Roadbooks, Höhenprofilen und Unterkunftsadressen bekommen Sie bei den bekannten Fachmagazinen wie zum Beispiel BIKE. Die Routen werden dort mit einem exakten Roadbook beschrieben, die Etappenlängen sind bereits festgelegt und Sie erfahren auch landschaftlich und fahrtechnisch, was Sie erwartet. Sie müssen nur noch die angegebenen Karten kaufen, die Route einzeichnen und schon kann es losgehen. Um beim Vergleich mit den Nudeln zu bleiben: Diese Variante käme einer Packung „Miracoli“ gleich. Die Kochmischung besteht aus Nudeln, Soße und Anleitung, Sie können also fast nichts mehr falsch machen. Nur essen, beziehungsweise fahren müssen Sie noch selbst.

C Routenplanung mit Buch und Computer: individueller Zuschnitt

Die Nudeln kommen aus der Packung und sind in zehn Minuten bissfest, aber die Soße kochen Sie selbst: Etwas anspruchsvoller, dafür individueller, aber immer noch absolut einsteigergerecht ist die Routenplanung zum Beispiel mithilfe des Buches „Traumtouren Transalp“ (Delius Klasing Verlag). Transalp-Pionier Uli Stanciu stellt darin 18 komplette Routenvorschläge vor, die Sie direkt übernehmen können. Doch der Clou ist die beiliegende CD-ROM. Darauf befinden sich insgesamt 9252 Kilometer und 295 214 Höhenmeter über die Alpen, die Sie sich am PC individuell zu einer Route zusammenstellen können. Das Programm rechnet nach der Routenwahl die Kilometer und Höhenmeter für Sie zusammen und spuckt so-

Pausen müssen natürlich sein: zum Fotografieren, Landschaft genießen, Essen, Trinken, Orientieren, Umziehen und für die Notdurft – das kostet allerdings viel Zeit. Planen Sie diese Pausen in Ihre Etappenlängen mit ein!

Traumtouren Transalp – die Bibel für alle, die sich ihre Routen selbst zusammenstellen wollen. 9252 Kilometer über die Alpen: am PC aussuchen, ausdrucken, losfahren.

wohl Fahrzeit als auch detaillierte Roadbooks und alle möglichen Unterkunftsadressen entlang der Strecken aus. Das genaue Höhenprofil der Route können Sie ausdrucken, verkleinert kopieren und zur zusätzlichen Orientierung auf Ihren Lenker kleben.

Sie selbst müssen sich nur entscheiden, welche der im Buch vorgestellten Landschaften Sie erleben, welche Pässe Sie sich zutrauen und wo Sie übernachten wollen. Die Schwierigkeitsgrade der Routen sind im Höhenprofil farblich gekennzeichnet. Mit dieser Hilfe finden Sie nicht nur zur eigenen Route, sondern lernen auch die einzelnen Gebirgszüge kennen – eine wichtige Grundlage, um eventuell einmal eine eigene Route zu entwerfen oder einzelne Abschnitte zu verändern.

Wenn Sie die Alpen mehr als nur ein Mal überqueren wollen, lohnt sich die Anschaffung des Buches in jedem Fall. Immer mehr Transalpler nutzen dabei auch den GPS-Service auf der dazugehörigen Internet-Seite www.traumtouren-transalp.de.

Wenn Sie ein GPS-Gerät besitzen, können Sie die Route, die Sie mittels der CD ausgewählt haben, an die Adresse dieser Internet-Seite mailen und erhalten die entsprechenden GPS-Daten. Der Service kostet allerdings extra (ca. 10 Euro pro Alpenüberquerung).

D Die eigene Route selbst entwerfen: aufwändig, aber einmalig

Keine Frage: Die eigene Route auf der Karte zusammenzustellen und schließlich zu fahren macht Spaß und auch besonders stolz. Aber das selbst geschneiderte Abenteuer in den Alpen bedeutet auch jede Menge Arbeit und setzt sicheres Kartenlesen, alpine Erfahrung und körperliche Fitness voraus. Einsteiger lassen besser die Finger davon! Als Transalp-Pionier Andi Heckmair 1990 die erste Alpenüberquerung überhaupt plante, begann er mit den Eckdaten. Startort: Oberstdorf, Ziel: Riva del Garda. Dazwischen wollte er die Alpen „wie die Zugvögel" so direkt wie möglich überqueren. Als erfahrener Berg- und Skiführer wusste er, dass er damit nicht die schönste und keinesfalls die leichteste Route gewählt hatte. Die Kletterpartie am ausgesetzten Schrofenpass kannte er schon. Doch hätte er vorher gewusst, dass er am Passo di Campo im südlichen Adamello-Gebirge nicht nur drei Stunden rauf, sondern auch zwei Stunden wieder bergab klettern muss, hätte er mit Sicherheit einen anderen Übergang gewählt. Das Beispiel zeigt: Selbst erfahrene Bergführer können aus den besten Karten nicht immer herauslesen, ob ein Weg wirklich fahrbar ist oder nicht. Neben der Fahrbarkeit (und Gefährlichkeit!) dieser Passagen, spielt die Zeit eine wichtige Rolle. Wie lange werden Sie für dieses anstrengende Schiebe- oder Tragestück brauchen? Wenn über dem unwegsamen und kraftzehrenden Gelände auch noch die Dunkelheit hereinbricht, kann die Tour schnell zum gefährlichen Albtraum werden.

Wer entwirft sich seine eigene Transalp-Route?

Biker, die sich ihre eigene Transalp-Route entwerfen, sind **Abenteurer mit alpiner Erfahrung**. Sie können in der Karte nicht nur schwieriges Gelände erkennen, sie wissen bereits durch mehrfache Erfahrung, wie sich solche Passagen körperlich anfühlen. Nur so können sie in etwa abschätzen, welche Belastung und welche Etappenlängen sie sich im völlig unbekannten Gelände zutrauen können. Böse Überraschungen wie zum Beispiel verwitterte und damit unfahrbar gewordene Wege nehmen diese Abenteurer in Kauf. Sie sind so fit, dass sie selbst unvorhergesehene, stundenlange Tragepassagen wegstecken können – auch berg-

ab. Aber sie haben auch den Mut zur Umkehr. Sie können hochalpines Gelände einschätzen und erkennen, ob ein Übergang in der Natur eventuell doch zu gefährlich ist.

Abseits der klassischen Transalp-Routen bewegen sie sich dabei oft durch einsame Regionen und sind dort ganz auf sich allein gestellt. Mit alpinen Gefahren wie zum Beispiel Wetterstürzen müssen sie sich daher auskennen und entsprechend handeln. Gerade in den wilden und einsamen Westalpen müssen sie sich im Notfall auch selbst zu helfen wissen.

Der Weg zum eigenen Routenentwurf

Verschaffen Sie sich zunächst einen Überblick über den gesamten Alpenraum: zum Beispiel mit der Autokarte „Alpenländer" im Maßstab 1:600 000 von Freytag & Berndt, oder mit der Blattschnitt-Übersicht des Kompass-Verlags.

1. Das Gerüst: Fixpunkte festlegen

Bevor Sie die Fixpunkte Ihrer Route festlegen, sollten Sie mit allen Teilnehmern folgende Punkte diskutieren:

- **Die Motivation: Was wollen Sie erleben?** Beispiele: Eine möglichst leichte Tour, die höchsten Pässe, möglichst viele Singletrail-Abfahrten, möglichst imposante Landschaften, Militärstraßen aus dem Ersten Weltkrieg oder Ähnliches.
- **Der Übergang über den Alpenhauptkamm:** Es ist meist die höchste und anspruchsvollste Passage der Tour. Sie führt durch hochalpines Gelände und enthält daher immer eine Schiebe- oder Tragestrecke. Die leichtesten Hauptkamm-Übergänge: Brenner-Grenzkamm, Reschenpass und Pfitscherjoch.
- **Der Startort:** Er richtet sich meist nach der Motivation. Aber er sollte für alle Teilnehmer gut zu erreichen sein.
- **Der Zielort:** Er ist ebenfalls von der Motivation abhängig. Überlegen Sie aber, wie Sie von dort wieder zurückkommen.

2. Die Route: Fixpunkte verbinden

Nachdem Sie die Fixpunkte Ihrer Route festgelegt haben, besorgen Sie sich die topografischen Kartenblätter (im Maßstab 1:50 000) der grob geplanten Route. Markieren Sie darin Ihre bereits festgelegten Punkte mit Leuchtstift. Dann wägen Sie sämtliche Verbindungsmöglichkeiten – je nach Motivation – genau ab, bevor Sie sich mit dem Stift für einen Weg entscheiden. Denn mit der Wegwahl bestimmen Sie den Schwierigkeitsgrad Ihrer Route und das wiederum setzt absolut sicheres Kartenlesen voraus.

3. Das Höhenprofil: der grobe Überblick

Haben Sie die Route eingezeichnet, könnten Sie anhand der Höhenangaben in der Karte ein grobes Höhenprofil entwerfen. Dazu nehmen Sie ein kariertes Papier und tragen die Punkte in ein Koordinatensystem ein. So können Sie die Höhenmeter leichter errechnen und bekommen einen besseren Blick für die Etappen-Einteilung. Es hilft auch, wenn Sie die verschiedenen Wegarten im Höhenprofil farblich unterschiedlich kennzeichnen und die geplanten Übernachtungen eintragen.

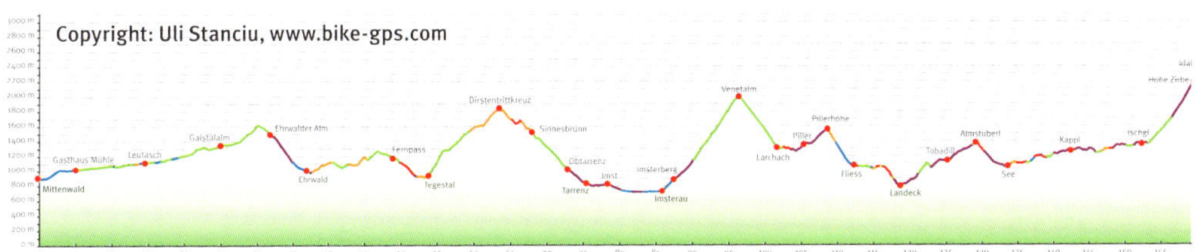

Wissen, was kommt: So detailliert wie die Profile aus dem Traumtouren-Transalp-Buch sind die Selbstgemalten leider nicht.

Madritschjoch: Spektakuläre Landschaft und ein Abfahrtstrail, den gute Fahrtechniker richtig genießen können. Aber bedenken Sie bei der Planung, dass solche Wege deutlich mehr Zeit kosten und bei Regen oder Nebel gefährlich werden können.

Der Schwierigkeitsgrad

Eine wirklich leichte Transalp gibt es nicht. Die Alpenüberquerung bedeutet immer eine mehrtägige Tour, die über den Hauptkamm hinwegklettert. Unterwegs treffen Sie dabei meistens auf alle möglichen Wegarten, die unterschiedlich schwer zu fahren sind. Eine gute Grundkondition und ein mittleres Maß an Fahrtechnik brauchen Sie also immer.

Trotzdem stuft man die unterschiedlichen Routen natürlich von leicht bis extrem ein. Entscheidend ist dabei vor allem die Anzahl der Höhenmeter. Denn viele Höhenmeter bedeuten fast immer: Es geht weit hinauf (lange Anstiege!), die Luft wird dünner, und die Trails im Hochgebirge erfordern gute Fahrtechnik. Egal, ob Sie mit einem Veranstalter oder auf eigene Faust unterwegs sind: Einsteiger sollten immer mit einer „leichten" oder zumindest einer kurzen Tour (z. B. vier Tage) beginnen, da sie ihren Körper meist noch nicht auf die Gesamtbelastung einer Alpenüberquerung hin einschätzen können.

Welchen Schwierigkeitsgrad können Sie sich zutrauen?

Der Schwierigkeitsgrad einer Transalp errechnet sich grob aus der Gesamtstrecke (Kilometer und Höhenmeter) geteilt durch die Anzahl der Etappen. Ein Beispiel: Eine Strecke mit 320 Kilometern und 6000 Höhenmetern in acht Etappen ergibt eine durchschnittliche Tagesleistung von 40 Kilometern und 750 Höhenmetern und gilt daher als leicht. Die geringe Anzahl der Höhenmeter im Vergleich zur relativ langen Strecke verrät, dass die Tour hauptsächlich durch die Täler führen wird. Lange oder besonders steile Anstiege braucht man nicht zu fürchten. Leicht zu fahrende Schotter- und Asphaltwege werden wahrscheinlich überwiegen. Allerdings wird auch das Panorama wegen der geringen Höhe nicht allzu spektakulär sein. Plant man die gleiche Route aber in nur fünf Etappen, wird die Tour mit durchschnittlich 64 Kilometern und 1200 Höhenmetern am Tag schon deutlich anstrengender (mittelschwer).

Aber es gibt noch weitere Kriterien, die den Schwierigkeitsgrad einer Transalp-Route mitbestimmen:

Wegbeschaffenheit und Steigungsgrade

Führen zum Beispiel die Abfahrten einer eigentlich mittelschweren Tour von 350 Kilometern und 11000 Höhenmetern (Tagesmittel 43,75 km/1375 hm) hauptsächlich über fahrtechnisch anspruchsvolle Trails, ist die Tour eher als „schwer" einzustufen. Dagegen verliert eine zunächst extreme Etappe von 100 Kilometern und 3000 Höhenmetern ihren Schrecken, wenn ein Großteil über kraftsparende, schnelle Asphaltpassagen führt.

Die Wegbeschaffenheit (Untergrund)

„Möglichst wenig Asphalt", nimmt sich wohl jeder Mountainbiker für seine Alpenüberquerung vor. Aber Asphaltpassagen haben bei einer acht Tage langen Tour auch Vorteile: Erstens kommt man schneller voran und zweitens spart man Kraft – bergauf genauso wie bergab.

Lange Singletrail-Passagen machen dagegen zwar deutlich mehr Spaß, kosten aber auch viel mehr Konzentration, Kraft und Zeit.

Auch wenn Sie Singletrail-Fan sind: Achten Sie bei der Einteilung Ihrer Tagesetappen auf eine gute Mischung der verschiedenen Wegarten und damit auf ein ausgewogenes Verhältnis zwischen Anstrengung und Erholung, sowie zwischen zeitraubenden und schnellen Passagen.

Bei einer sieben- bis achttägigen Tour legt man folgende Schwierigkeitsgrade fest:

- Transalp leicht: < 400 Kilometer, < 7000 Höhenmeter
- Transalp mittel: 350-450 Kilometer, 7000-11000 Höhenmeter
- Transalp schwer: > 400 Kilometer, 11000-18000 Höhenmeter
- Transalp extrem: > 450 Kilometer, > 18000 Höhenmeter (Westalpen, Transalp-Challenge)

Die Steigungsgrade

Sicher haben Sie das auch schon erlebt: Sie fahren einen Berg mit sechs bis acht Prozent Steigung hinauf und denken sich: „Diese Steigung könnte ich ewig fahren“. Baut sich dagegen eine Rampe vor Ihnen auf, rutscht Ihnen schon beim Anblick das Herz in die Hose. Steilere Anstiege haben einen Vorteil: Auf die Streckenlänge gesehen, legt man schneller Höhenmeter zurück. Aber sie kosten auch jede Menge Kraft. Eine Route mit vielen steilen Anstiegen ist daher anspruchsvoller und schwieriger zu fahren. Natürlich kommen Sie auf einer Alpenüberquerung um kräftezehrende Steilpassagen nicht herum. Egal, welche Route Sie wählen – Rampen gibt es in jedem Gebirgszug.

Die Regionen kann man so kategorisieren:

- Die Pässe in den Ostalpen sind eher flacher und einfacher zu befahren.
- Je weiter gen Westalpen, desto steiler und schwieriger die Pässe (Lechtaler Alpen, Silvretta, Ortlergebiet)
- Rampen häufen sich in den Ostalpen vor allem im Hauptkamm, in den Dolomiten und in der Brenta. Die Überquerung des Hauptkamms führt immer durch hochalpines, anspruchsvolles Gelände. Die leichtesten, komplett fahrbaren Hauptkamm-Übergänge sind: der Brenner-Grenzkamm (2100 m) in den Stubaier Alpen, das Pfitscherjoch (2248 m) in den Zillertaler Alpen und der Reschenpass. Die höchsten Übergänge sind: das Eisjöchl (2908 m) in der Texelgruppe und das Madritschjoch (3123 m) im Ortlergebiet.
- Die Übergänge in den Westalpen sind deutlich wilder, steiler und anspruchsvoller. Nach dem Rhône-Knie verläuft der Hauptkamm in Nord-Süd-Richtung. Transalp-Routen durch die Westalpen überqueren den Hauptkamm also nicht nur an einer Stelle, sondern sie folgen den hochalpinen Gipfeln gen Süden. Für eine Tour vom Genfer See zum Mittelmeer muss man daher etwa 14 Tage einplanen.

Schwierigkeitsgrade

- **Asphaltstraßen:** Schwierigkeitsgrad leicht – sehr guter Grip, kraftsparendes Fahren und schnelles Vorankommen auch mit größerer Steigung/stärkerem Gefälle möglich. Gerade auf langen Etappen zu empfehlen. Für Fahrtechniker geringer Spaßfaktor.

- **Schotter- und Waldwege:** Schwierigkeitsgrad leicht bis schwer – bis zu einer Höhe von ca. 1000-1500 Metern meist gut präparierte Pisten aus feinen Kieseln mit guter Traktion (je nach Steigung). In höheren Lagen dagegen oft vom Regen ausgespült, grobschottrig und tief („Schwimm“-Schotter). Bei steilen Anstiegen sehr schwer zu fahren und damit zeitintensiv und kraftraubend.

- **Trails/Pfade (rechts):** Schwierigkeitsgrad mittel bis extrem – ab Handtuchbreite spricht man von einem Trail. Vom sanften Waldboden, über stark verwurzelt, mit Geröll übersät bis hin zu stark verblockt und ausgesetzt kann Ihnen in den Alpen alles begegnen. Bergab – je nach Fahrkönnen und Witterungsverhältnissen – ein Genuss, der aber Konzentration, Kraft und Zeit kostet (bei Regen eventuell gefährlich!). Bergauf bedeuten Trails meist eine Schiebe- oder Tragepassage, die aber im Gegensatz zu fahrbaren Steilpassagen pulsberuhigend und entspannend sein kann.

Je weiter Sie Ihre Route nach Westen ausrichten, desto steiler wird das Gelände. Die Westalpen selbst sind dagegen nicht nur steil, sondern auch deutlich einsamer. So können die Wege, wie hier, schon deutlich verfallen sein.

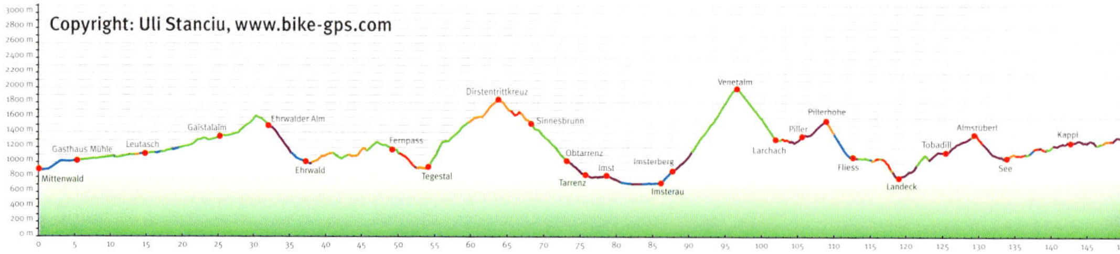

Die schwere Variante der Via Claudia Augusta für Hartgesottene: Sie misst insgesamt 625,37 km und 21 798 hm. Doch die Route verliert ein wenig an Schärfe, wenn Sie sie in mehr als acht Tagesetappen aufteilen. Sehr steil: das Tegestal.

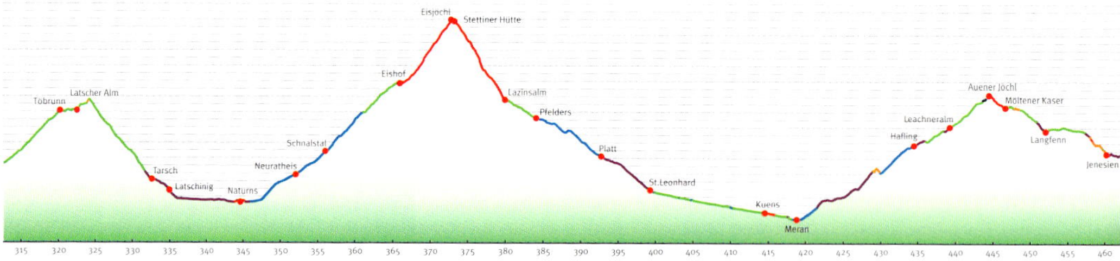

Kein Lift, aber 2300 Höhenmeter am Stück erwarten Sie am Eisjöchl. Und eine der schönsten Singletrail-Abfahrten der Alpen. Lassen Sie solche Passagen aber aus, wenn Sie fahrtechnisch nicht so versiert sind. Das Schieben kostet Zeit und Nerven.

Die Einteilung der Etappen

Ihre Route steht fest – jetzt müssen Sie sie nur noch in fahrbare Häppchen zerlegen – in die einzelnen Etappen. Nehmen Sie sich dafür ausreichend Zeit, denn die Etappenplanung will gut überlegt sein. Von ihr hängt es hauptsächlich ab, ob Ihre Transalp ein Erfolg wird oder nicht. Denn erreichen Sie unterwegs nur ein Etappenziel nicht, verschiebt sich Ihre restliche Planung und Ihre Vorarbeit war umsonst. Wie lang Sie Ihre Etappen wählen, hängt – neben Ihrem persönlichen Fitnessgrad – von verschiedenen Faktoren ab:

- Gesamtstrecke der Route
- Zustand des Geländes
- Unterkunftsmöglichkeiten

Daher können wir Ihnen für die optimale Etappeneinteilung folgende Grundregeln mit auf den Weg geben:

···› Acht Stunden im Sattel – das reicht

Eine Woche lang jeden Tag im Sattel sitzen, das schlaucht auch den fittesten Biker. Nehmen Sie sich daher pro Tag nicht mehr als acht Stunden vor (inklusive Pausen). Optimal ist es, wenn Sie zum Beispiel um 8 Uhr morgens starten und bis 16 Uhr das Etappenziel erreicht haben. Erstens entgehen Sie so den gefürchteten Wärmegewittern, die sich im Hochsommer meist am späten Nachmittag entladen, und zweitens haben Sie dann ausreichend Zeit, um sich für die nächste Etappe zu erholen.

···› Maximal 1500 bis 2000 Höhenmeter am Tag

Planen Sie pro Tag maximal 1500 bis 2000 Höhenmeter ein. Ein gut trainierter Alpenüberquerer (mit Rucksack!) schafft im normalen Tourentempo pro Stunde zwischen 400 und 500 Höhenmeter bergauf. Das bedeutet, Sie verbringen schon mal drei bis vier Stunden nur mit Auffahrten.
Dazu addiert man eine Stunde für die Mittagseinkehr auf der Hütte, und für Klamottenwechsel, Orientierung, Wasserauffüllen, Foto- und Pinkelpausen können Sie insgesamt nochmals gut eine Stunde veranschlagen. Das macht zusammen fünf bis sechs Stunden. Der Rest hängt von der Gesamtlänge der Etappe (Flachstücke) und dem Schwierigkeitsgrad der Abfahrten ab. Für eine Abfahrt auf wechselhaftem, aber vorwiegend schottrigem Untergrund braucht man für 1000

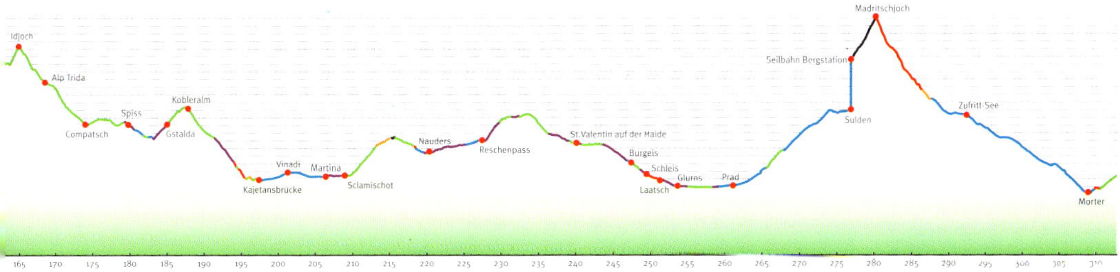

Idjoch und Madritschjoch: zwei der gemeinsten, aber auch schönsten Anstiege der Ostalpen. Trauen Sie sich ruhig mal in den Lift zu steigen, wenn Sie die Möglichkeit haben. Am Madritschjoch dürfen Sie das letzte Stück ohnehin noch schieben.

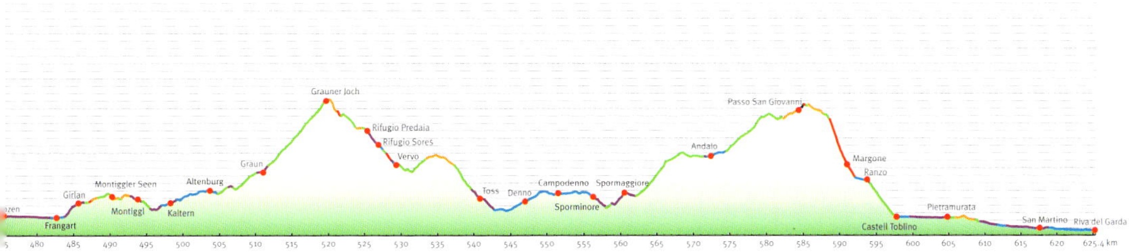

Ob Sie für Grauner Joch oder Passo San Giovanni noch Kraft haben, können Sie auf der Via Claudia unterwegs entscheiden, denn es gibt zwei Varianten. Die leichte Route misst insgesamt nur 353 km und 4042 hm. Sie können täglich wechseln.

Höhenmeter etwa eine Stunde. Für die Abfahrt auf einem anspruchsvollen Pfad können Sie bereits für 500 Höhenmeter eine Stunde einplanen. Kommen jetzt noch Pannen oder ein Gewitter dazu, gerät der Zeitplan schnell ganz schön durcheinander.

Die erste Etappe: ein halber Tag

Planen Sie für die erste Etappe nur einen halben Tourentag, also eine kurze Strecke ein. Zum einen dauert es meist eine Weile, bis am ersten Tag alle Teilnehmer startklar sind, und zum anderen gibt es am ersten Tag meist noch jede Menge einzustellen (Rucksack, Sitzposition, Bekleidung).

Königsetappe: Höhepunkte setzen

Natürlich steht nicht jeden Tag nach 1500 Höhenmetern eine Unterkunft parat. Das ist auch gut so, denn unterschiedlich lange Etappen sind schon aus psychologischen Gründen wichtig. Planen Sie bewusst eine Etappe deutlich länger als die übrigen (eventuell mit längeren Asphaltpassagen). Eine derartig herausragende Tagestour bezeichnen wir wie im Radsport als „Königsetappe“. Sie sorgt vorher für Anspannung, aber danach für stolze Hochgefühle, weil Sie es geschafft haben. Die übrigen Tage kommen Ihnen danach umso kürzer vor. Ebenso sollten Sie zur Erholung einen besonders leichten Tag einplanen. Die Aussicht auf den „Ruhetag“ motiviert vor allem während der anstrengenden Königsetappe.

Schlechtwetter-Alternativen

Für Etappen mit längeren Singletrail-Passagen sollten Sie bereits bei der Planung eine Alternative auskundschaften – für den Fall, dass es an dem Tag regnen sollte. Denn ohnehin schon schwierige Passagen können sich durch Regen in unfahrbare Schlammrutschen verwandeln.

Die letzte Etappe: das große Finale

Am letzten Tag einer Alpenüberquerung brennt jeder Teilnehmer auf die Zielankunft. Legen Sie also keine Königsetappe mit drei Pässen auf den letzten Tag. Mit der schwindenden Kraft und Motivation könnte sonst auch die Stimmung auf den Tiefpunkt rutschen. Belohnen Sie sich am letzten Tag lieber mit nur einem allerletzten Anstieg und dann einer berauschenden Abfahrt – vorausgesetzt, das Gelände lässt es zu (s. Seite 34).

Transalp-Ziel Nummer eins: Die meisten Alpenüberquerer beenden ihre Tour am Gardasee. Erstens weil es ein erhebendes Gefühl ist, wenn plötzlich der See zu Füßen glitzert, und zweitens weil man von hier gut wieder nach Hause kommt.

Kurzer Pizza-Abstecher nach Sterzing: Und wie kommen wir jetzt wieder auf unsere Route zurück? In großen Ortschaften helfen topografische Karten kaum weiter, das Roadbook auch nicht. Der perfekte Wegweiser ist jetzt ein GPS-Gerät.

Die Navigation unterwegs

Sie haben die Route, die Etappen sind eingeteilt – jetzt müssen Sie nur noch den Weg finden. Transalp-Pionier Andi Heckmair hatte nur die Karten zur Verfügung und kam damit gut über alle Berge. Doch an jeder Kreuzung die Karte aus dem Rucksack zu kramen, ist auch umständlich. Daher gibt es inzwischen weitere Navigationshilfen wie Roadbook und GPS. Aber sie haben neben ihrer Handlichkeit auch Nachteile:

1. Karten:

Die topografischen Karten müssen immer mit auf Tour. Im Notfall sind sie die einzige Orientierungshilfe, auf die Sie sich verlassen können.

Vorteile der Navigation mit Karten:

- Sie können genau definieren, wo Sie sich gerade befinden (sicheres Kartenlesen vorausgesetzt).
- Sie haben immer den Überblick über die Landschaft.
- Karten sind immer greifbar.
- Sie finden im Notfall (Wettersturz, Weg verschüttet, Unfall) schnell und übersichtlich eine Alternativroute oder eine Landemöglichkeit für den Hubschrauber. Schon aus diesem Grund sind Karten im Hochgebirge unentbehrlich.

Nachteile der Navigation mit Karten:

- Das Gewicht: Für eine klassische Alpenüberquerung brauchen Sie sechs bis neun Blätter. Das macht ca. 500 Gramm (sieben Kompass-Karten). Um dieses Gewicht zu drücken, kopieren manche nur die geplante Route aus den einzelnen Blättern heraus. Das spart tatsächlich Gewicht, aber wie finden Sie den Weg, wenn Sie im Notfall aus dem kopierten Ausschnitt „herausfahren“ müssen?
- Die Handhabung: Karten sind unhandlich und man kann sie schlecht an den Lenker heften.

Durch das häufige Auffalten zerfleddert das Papier schnell – vor allem bei Regen.

TIPP **Verstärken Sie die Falze mit Tesafilm. So reißt das Papier nicht so schnell ein.**

2. Roadbook:

Einfach eine beschriebene Tour aus dem Internet herunterladen oder das Roadbook Ihrer maßgeschneiderten Route von der „Traumtouren-Transalp"-CD ausdrucken und los geht's.

Vorteile der Navigation mit Roadbook:

- Die Wegbeschreibungen sind so präzise, dass Sie die Karten getrost im Rucksack lassen können.
- Sehr schnelle Orientierung durch die Wegsymbole.
- Sie wissen immer auf den Meter genau, welche Distanz noch vor Ihnen liegt.

Nachteile der Navigation mit Roadbook:

- Das zusätzliche Gewicht: Eine achttägige Alpenüberquerung zieht sich über etwa 20 DIN A4-Seiten.
- Breite Lenkerhalterung: Eine DIN A4-Seite nimmt fast den Platz von einem Bremshebel zum anderen ein.
- Sie brauchen einen exakt geeichten Tacho, damit die Angaben im Roadbook mit den Ihren übereinstimmen.
- Das Roadbook bietet keinen Landschaftsüberblick und damit auch keine Orientierung, falls Sie einen Abzweig verpasst haben oder im Notfall von der geplanten Route abweichen müssen.

TIPP **Tragen Sie die Route aus dem Roadbook zusätzlich vor dem Tourenstart mit Leuchtstift in die Karten ein. So finden Sie Ihren Standpunkt schneller, falls Sie doch die Karten zur Navigation brauchen.**

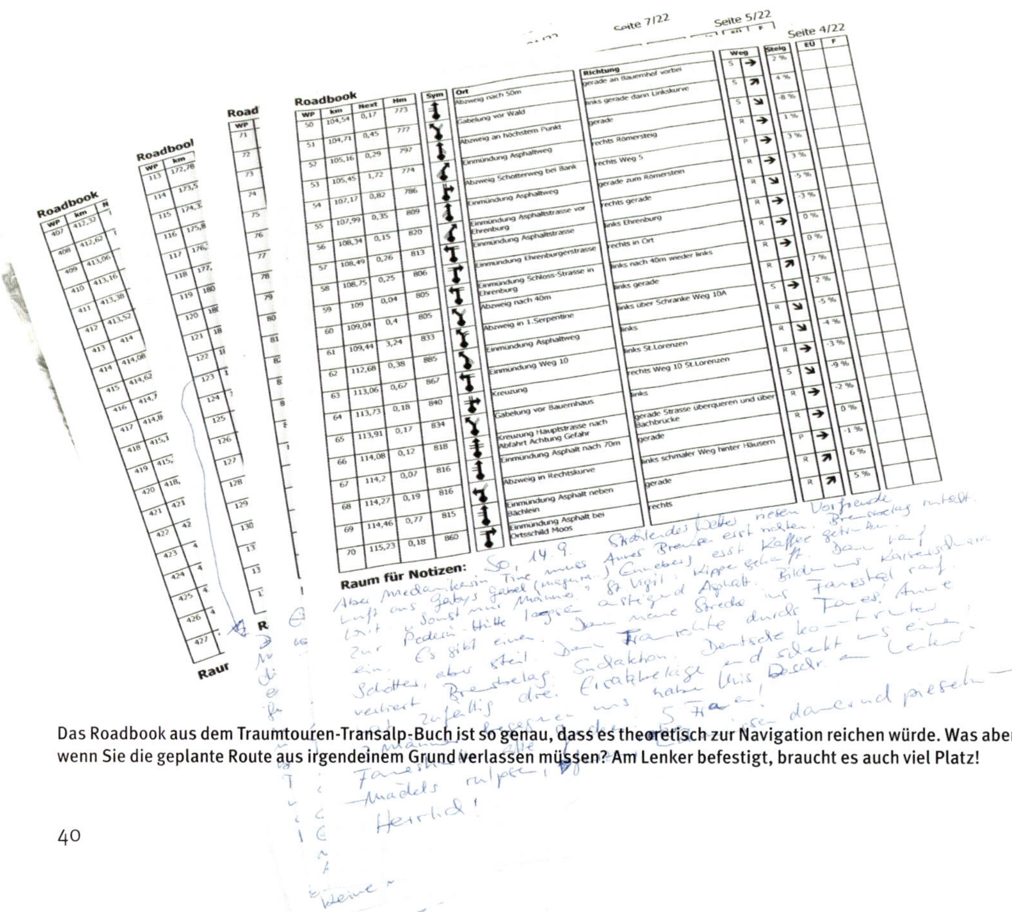

Das Roadbook aus dem Traumtouren-Transalp-Buch ist so genau, dass es theoretisch zur Navigation reichen würde. Was aber, wenn Sie die geplante Route aus irgendeinem Grund verlassen müssen? Am Lenker befestigt, braucht es auch viel Platz!

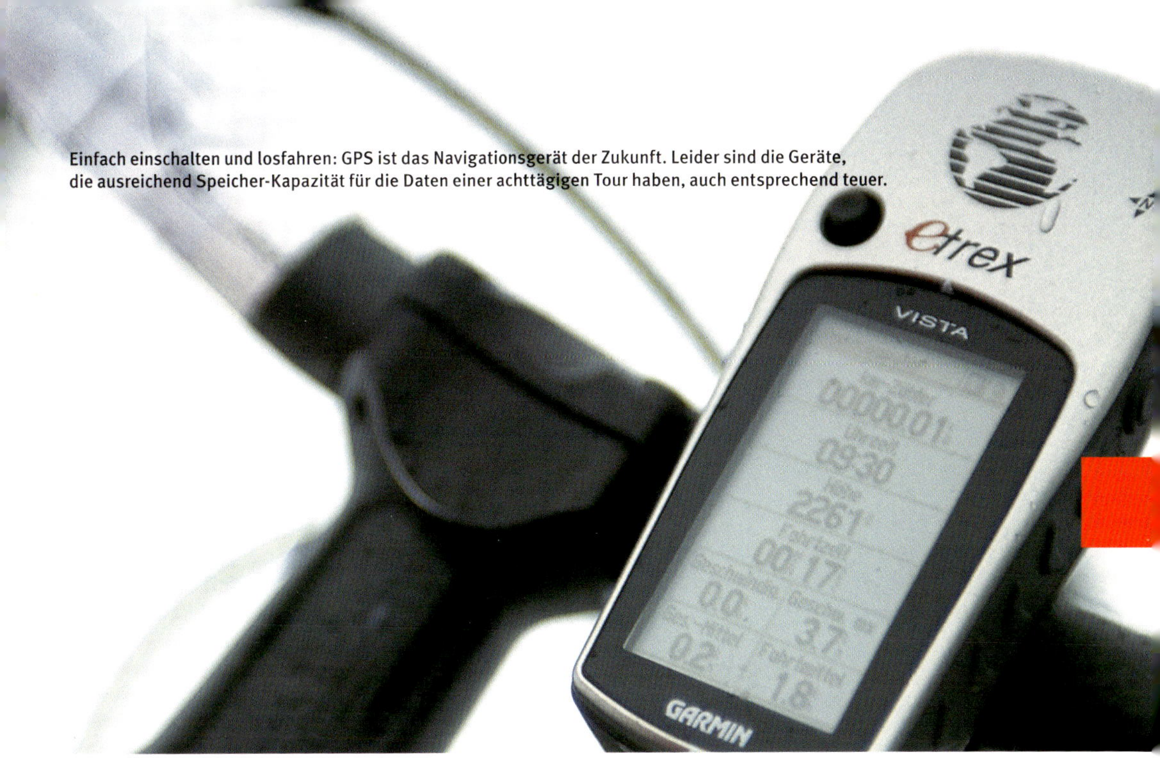

Einfach einschalten und losfahren: GPS ist das Navigationsgerät der Zukunft. Leider sind die Geräte, die ausreichend Speicher-Kapazität für die Daten einer achttägigen Tour haben, auch entsprechend teuer.

3. GPS (Global Positioning System):

Seit einigen Jahren breitet sich unter den Tourenfahrern das GPS-Virus aus. Auch Alpenüberquerer schätzen diese hochtechnisierte Navigationsmethode via Satellit. Dazu lädt man sich einfach die GPS-Daten herunter (z.B. auf der Website www.traumtouren-transalp.de). Oder man entwirft – deutlich aufwändiger – eine eigene Route in digitalen Karten und überspielt diese aufs GPS-Gerät.

Vorteile der Navigation mit GPS:

- Ein Verfahren ist praktisch nicht mehr möglich (vor allem durch Ortschaften!). Wenn Sie doch einen falschen Abzweig genommen haben, merken Sie es schnell.
- Sie sehen den weiteren Verlauf des Weges im Geräte-Display (immerhin zweidimensional).
- Im Notfall (Rettung durch Hubschrauber etc.) können Sie Ihren Standort auf den Punkt genau bestimmen.
- Geringes Gewicht (den Tacho können Sie auch zu Hause lassen) und deutlich freieren Lenker im Gegensatz zum Roadbook-Halter.
- Wetterfestigkeit: Einem GPS-Gerät macht ein Regenschauer nichts aus.

Nachteile der Navigation mit GPS:

- Kein Landschaftsüberblick
- Hoher Batterie-Verbrauch (Akku-Ladegerät einpacken!).
- In engen Tälern oder dichten Wäldern nur schwacher bis gar kein Empfang. Zwar gibt es in Schluchten nur selten Abzweige, doch wenn das Gerät ausfällt, entfallen auch die Tacho-Funktionen.
- Das Gerät könnte zum Beispiel durch einen Sturz kaputtgehen.
- Der hohe Preis: Um die Daten einer achttägigen Route zu speichern, brauchen Sie ein GPS-Gerät mit einem großen Speicher – und das ist teuer. Ein preiswertes Gerät mit entsprechender Software kostet etwa 400 Euro.

TIPP **Höhenprofil am Lenker. Falls Sie Ihre Route mithilfe der CD „Traumtouren-Transalp“ entworfen haben, können Sie sich das Höhenprofil ausdrucken. Verkleinern Sie es am Kopierer so, dass es in den Abmessungen an Ihren Lenker passt. Mit Tesafilm am Lenker befestigt, haben Sie immer den Überblick, welche Hürden noch vor Ihnen liegen, und können sich Ihre Kräfte danach einteilen.**

Bereits fest in der Hand von Transalp-Fahrern: die Sattelbergalm an der Brenner-Grenzkamm-Straße. Der Vorteil der Hüttenübernachtung ist neben dem urigen Flair, dass Sie abends mit Jogginghose zum Essen gehen können.

Die Unterkünfte

Ob Sie lieber auf einer urigen Hütte übernachten oder doch den Komfort eines Hotels vorziehen, sollten Sie mit den übrigen Teilnehmern bei der Planung ausführlich diskutieren. Denn Sie legen damit nicht nur fest, ob Sie am Berg oder im Tal übernachten, sondern auch, ob Sie morgens lieber mit einer Abfahrt oder einem Anstieg starten!

1. Hütten: Urig, aber mit Flair

Die Übernachtung auf der Hütte stellt die preiswertere und ereignisreichere Alternative zum Hotel dar. Sie erleben vielleicht einen glühenden Sonnenuntergang und genießen schon morgens einen herrlichen Bergblick. Viele Hütten besitzen inzwischen Etagenduschen und Doppelzimmer. Abends können Sie in Jogginghose zum Essen gehen und sitzen mit Gleichgesinnten in der urigen Stube. Doch es gibt natürlich auch Hütten, die nur Matratzenlager anbieten. Für diesen Fall sollten Sie an Hüttenschlafsack und Ohrenstöpsel denken. Einziger Nachteil einer Hütten-Übernachtung: Viele Hütten liegen so, dass die nächste Etappe mit einer kalten Abfahrt beginnt und mit einer schweißtreibenden Auffahrt endet. Hüttenadressen und Telefonnummern (in den Tourenbeschreibungen angegeben) bekommen Sie bei den zuständigen Fremdenverkehrsämtern und beim Alpenverein (www.alpenverein.at).

2. Pensionen: Doppelzimmer ohne Abendessen

Ebenfalls günstig aber eventuell etwas komfortabler übernachtet man in Pensionen im Tal. Nur müssen Sie die Unterkunft in den Ortschaften erst suchen, und dann bereitet Ihnen der Pensionswirt in den seltensten Fällen ein Abendessen zu (fragen Sie bei der Reservierung nach!). Sie müssen also später noch einmal losziehen und ein Restaurant suchen. Reservieren sollten Sie unbedingt, denn gerade kleinere Orte in den Alpen leben nur vom Wintertourismus. Im Sommer haben viele Häuser geschlossen! Informationen und Adressen bekommen Sie bei den jeweiligen Fremdenverkehrsämtern.

3. Hotels: Komfort im Tal

Wenn Sie in Hotels übernachten, geben Sie bei der Reservierung unbedingt an, dass Sie als Alpenüberquerer mit Bikes unterwegs sein werden. Nicht alle Hoteliers haben Verständnis für Biker, die sich eventuell gerade durch Regen und Schlamm gekämpft haben. Am besten buchen Sie die Übernachtung mit Halbpension, das spart Geld und abends die Suche nach einem Restaurant. Erkundigen Sie sich bereits bei der Buchung nach einem abschließbaren Raum für die Bikes! Die Vorteile einer Übernachtung im Tal: Selbst in der Hochsaison findet man Zimmer und in Notfällen sind Werkstätten mit Ersatzteilen und Apotheken nicht weit. Adressen gibt's ebenfalls bei den Fremdenverkehrsämtern. Fragen Sie nach Biker-freundlichen Hotels (Österreich, Südtirol), die haben Verständnis und Werkzeug parat.

Tipps zur Unterkunft:

- Für welche Art der Unterkunft Sie sich auch entscheiden: Reservieren sollten Sie unbedingt, und spätestens am Vorabend! Nichts ist schlimmer, als nach einem anstrengenden Tourentag vor einem geschlossenen oder ausgebuchten Haus zu stehen.
- Starten Sie Ihre Alpenüberquerung möglichst nicht am Wochenende. Samstags und sonntags ziehen sämtliche Reiseveranstalter mit ihren großen Gruppen los und blockieren die Unterkünfte (vor allem die Hütten). Von Montag bis Freitag haben Sie dagegen meist freie Duschen und Betten.
- Meiden Sie die italienischen Alpen rund um den 15. August. In der Woche um den italienischen Feiertag „Ferragosto" scheint ganz Italien in den Bergen zu übernachten. Die meisten Unterkünfte sind zu diesem Termin schon Monate im Voraus ausgebucht.

Inzwischen fast schon ein Hotel: die Fanes-Hütte unterhalb des Limojochs. Doch die Doppelzimmer, die sauberen Etagenduschen und das große Frühstücksbuffet haben auch einen entsprechenden Preis.

Der Rücktransport

Die wenigsten Alpenüberquerer sind so hart im Nehmen, dass sie mit dem Bike über die Alpen auch wieder nach Hause fahren. Wie kommen Sie also zurück?

1. Mit dem Zug zurück

Der Zug stellt zwar die günstigste, aber nicht gerade die bequemste Variante dar. Wenn Sie zum Beispiel vom Gardasee nach München zurückwollen, müssen Sie erst zum nächsten Bahnhof nach Rovereto radeln (von Torbole: 22 km). Und dann gibt es von Rovereto nur wenige Zugverbindungen mit Fahrrad-Abteil (nur Abend- und Nachtverbindungen). Kosten für die reservierungspflichtige Strecke über den Brenner (ohne Umsteigen): 68,90 Euro plus 10 Euro für die internationale Fahrrad-Karte (Stand: 2005). Fahrzeit: knapp fünf Stunden.

Aber es gibt einen Trick: Verpacken Sie das Bike in eine Transport-Tasche oder zerlegt (Laufräder ausbauen) in Müllsäcke und nehmen Sie es als Handgepäck mit ins Zugabteil (Gepäckablage). So sparen Sie sich nicht nur die Transportkosten fürs Bike, sondern auch die Vorreservierung. Und: Sie können in jeden Zug nach Deutschland steigen. Außerdem sind die Fahrkarten-Preise am Schalter in Rovereto günstiger, als wenn Sie das Ticket bereits in Deutschland kaufen.

TIPP Schicken Sie die Transport-Tasche (eventuell zusammen mit frischer Kleidung!) bereits von Zuhause an die Unterkunft, die Sie am Zielort gebucht haben!

2. Kommerzieller Rückhol-Service

Es gibt inzwischen einige Firmen, die sich auf einen Rückhol-Service für Alpenüberquerer spezialisiert haben. Sie geben dem Anbieter bekannt, wo, wann und wie viele Teilnehmer abgeholt werden sollen. Der Bus samt Fahrradhänger holt Sie am Hotel des Zielortes ab und bringt Sie bequem bis vor die eigene Haustür. Kostenpunkt für die Strecke Gardasee-München z. B. bei No Limits Sportreisen (···> www.no-limits-sportreisen.de): 90 Euro pro Person (Gruppenermäßigungen ab vier Personen). Ab vier Personen sind auf Anfrage auch andere Abholorte möglich. Die besten Shuttle-Adressen finden Sie im Internet unter:
···> **www.bike-magazin.de.**

3. Privater Shuttle

Fragen Sie im Bekanntenkreis nach: Vielleicht holt Sie jemand ab? Er könnte Ihnen auch frische Kleidung mitbringen. Selbst, wenn Sie dem Abholer im Gegenzug die Unterkunft bezahlen, kommen Sie so günstig und bequem nach Hause. Falls das Vorhaben an der Größe des Transport-Autos zu scheitern droht: Fragen Sie bei Autovermietern nach den günstigsten Tarifen.

···> Radfahrer-Hotline der Bahn: 01805/151415, www.bahn.de

Die Kosten einer Alpenüberquerung

Wenn Sie einfache Unterkünfte wählen, keinen Champagner zum Abendessen trinken und keine größeren Schäden am Bike bezahlen müssen, kommen Sie in acht Tagen mit 500 Euro über die Runden. Das sind 62,50 Euro pro Tag, die Sie für Unterkunft, Mittagseinkehr und Abendessen zur Verfügung haben – wobei Sie für einfache Übernachtungen (Hütten, Pensionen) zwischen sieben und 28 Euro hinblättern müssen. Aber vergessen Sie nicht, das Geld in bar mitzunehmen, denn auf den meisten Hütten gibt es keine Kartenzahlung. Stecken Sie dennoch die EC- bzw. Kreditkarte ein, falls Sie zum Beispiel wegen eines größeren Defekts einen Bike-Shop ansteuern müssen.

Fixkosten-Beispiel einer Transalp Tegernsee zum Gardasee

Übernachtungen inkl. Frühstück pro Person	
1. Etappe: Pfitscherjochhaus	17,60 € p. P.
2. Etappe: Pension in St. Martin	18,00 € p. P.
3. Etappe: Fanes-Hütte	27,50 € p. P.
4. Etappe: Rifugio Averau	18,40 € p. P.
5. Etappe: Gasthaus Passo Valles	18,80 € p. P.
6. Etappe: Rifugio Refavaie	24,00 € p. P.
7. Etappe: Hotel in Bertoldi	20,20 € p. P.
8. Etappe: Hotel in Torbole	26,60 € p. P.
Kosten für Übernachtung	**171,10 € p. P.**
Rücktransport per Shuttlebus nach München mit 5 % Gruppen-Rabatt (von 90 Euro)	85,50 € p. P.
Kosten gesamt	**256,60 € p. P.**

Diese Kostenaufstellung stammt von einer Transalp-Gruppe, die 2004 mit einem Budget von 500 Euro gestartet war. Für Essen und Trinken benötigten die Teilnehmer nochmal etwa 30 Euro pro Tag. Damit kamen alle Teilnehmer dieser fünfköpfigen Transalp-Gruppe inklusive Rücktransport mit 500 Euro aus.

Cinque Torri: auf dem Weg zum Etappenziel Rifugio Averau. Das Gute an der Hütte ist, dass sie genau auf der Route liegt, eine grandiose Aussicht bietet und eine Etagen-Dusche hat. Doch im 20-Betten-Lager helfen gegen Schnarcher nur noch die Ohrenstöpsel. Tipp: Klettern Sie von der Averau-Hütte noch wenige Meter zur Nuvolau-Hütte hinauf. Sie hat zwar keine Dusche, bietet aber 360-Grad-Dolomiten-Panorama!

···› Shuttle-Adressen: www.bike-magazin.de

Transalp mit Veranstalter

Radeln müssen Sie noch selbst – um den Rest kümmern sich die Guides. Gerade Einsteiger fahren gut damit, wenn sie sich auf ihrer ersten Alpenüberquerung einer geführten Tour anschließen. Allein in Deutschland gibt es mittlerweile über 20 Veranstalter, die ihr Hauptgeschäft mit geführten Alpenüberquerungen machen. Insgesamt werden pro Jahr etwa 500 Termine angeboten. Die Routen reichen von der einfachen Drei-Tages-Variante mit geringem fahrtechnischen Anspruch über Vital-Touren mit Luxushotel und Wellness-Oasen, reinen Frauen- oder Senioren-Gruppen, anspruchsvollen Singletrail-Routen bis hin zur 13-tägigen Extrem-Erfahrung (805 km/ 25 800 Hm) über die einsamen Westalpen.

Routenwahl: Schätzen Sie Ihre Fähigkeiten realistisch ein!

Um bei den geführten Touren freie Auswahl zu haben, müssen Sie schnell zuschlagen, denn der Ansturm auf die Routen beginnt, sobald die Veranstalter ihr Tourenprogramm veröffentlichen – meist Ende Dezember. Doch bevor Sie buchen: Schätzen Sie sich selbst richtig ein. Viele Biker reservieren ihren Trip bereits im Winter mit dem festen Vorsatz, bis zum Transalp-Start fit für eine „schwere" Tour zu sein. Die meisten schaffen es, manche nicht.

Wenn Sie aber schon gebucht haben und merken, dass Sie Ihrem geplanten Trainingspensum hinterherhinken, fragen Sie den Veranstalter, ob Sie auf eine leichtere Tour umbuchen können. Es bringt niemandem etwas, wenn Sie trotz unzureichender Fitness antreten. Ihnen selbst nicht, weil Sie den ganzen Tag hinter der Gruppe her hecheln oder die halbe Transalp im Begleitfahrzeug zurücklegen. Die anderen Teilnehmer sind genervt, weil sie dauernd warten müssen, und der Guide ist im Stress, weil er die Gruppe trotzdem zusammenhalten muss. Rechnen Sie damit: Stellt der Guide in den ersten Tagen bereits fest, dass ein Teilnehmer das Etappenziel wiederholt nur schleppend erreicht, wird er ihn in den Zug setzen und nach Hause schicken! Und zwar noch bevor es Richtung Alpenhauptkamm geht. Die Gefahr, dass sonst die ganze Gruppe erst bei Dunkelheit das Etappenziel erreicht, wäre sonst einfach zu groß.

Aber machen Sie sich andererseits keinen Stress, wenn Sie sich wegen Ihres Trainingspensums nichts vorzuwerfen haben. Zu einer geführten Alpenüberquerung treten im Schnitt zwölf unterschiedliche Menschen an. Keiner kennt den anderen und alle haben Angst davor, das Schlusslicht zu spielen. Die Nervosität ist dementsprechend groß und die meisten starten daher viel zu schnell. Der Guide weiß das, denn das Problem gibt es in jeder neuen Gruppe. Er wird versuchen das Tempo zu drücken, indem er zum Beispiel vorausfährt und die Anweisung gibt, dass keiner an ihm vorbeifahren darf. Und trotzdem verschießen viele Teilnehmer auf den ersten Etappen bereits das Pulver, das sie auf den Königsetappen gut gebrauchen könnten. Fahren Sie also von Anfang an Ihr eigenes Tempo (Pulsmesser!), die vermeintlich Schnelleren werden bald zurückfallen!

TIPP Eine Übersicht über sämtliche geführten Alpenüberquerungen samt Schwierigkeitsgrad, Etappenlängen, Leistungen der Veranstalter, Termine und Preise finden Sie jedes Jahr in der Januar-Ausgabe des BIKE-Magazins und im Internet unter: ···› **www.bike-magazin.de**

Die Vorteile einer geführten Alpenüberquerung

- Die gesamte wochenlange Planung (Route, Navigation, Unterküfte, Rücktransport) entfällt.

Sie müssen nur buchen, bezahlen und losfahren. Sie können – und sollten – sich ganz aufs Training konzentrieren.

- Kein Karten- und Roadbook-Lesen: Der Guide weiß, wo es langgeht und kennt im Optimalfall geheime Trails und urige Hütten, die Sie selbst nicht gefunden hätten.
- Gepäcktransport: Jeden Tag frische Klamotten, freier Rücken für unbeschwertes Gipfelglück.
- Begleitfahrzeug: Nicht immer wird das Gepäck im Begleitfahrzeug transportiert (manchmal auch im Taxi). Wenn es ein Begleitfahrzeug gibt, besteht für müde Teilnehmer die Möglichkeit, mal eine Etappe im Auto zurückzulegen.
- Technischer Support: Ersatzschläuche und Speichen müssen Sie selbst mitbringen. Aber die meisten Guides haben aus Erfahrung ein kleines Ersatzteillager dabei und helfen bei technischen Defekten. Manche Veranstalter bieten Leihbikes an und stellen im Begleitfahrzeug sogar ganze Ersatzräder bereit.
- Auf einer geführten Alpenüberquerung sammeln Sie alpine Erfahrung und lernen neue Leute kennen.
- Der Termin steht fest: Sie werden die Tour auf jeden Fall starten und das geplante Abenteuer nicht so lange vor sich her schieben, bis es zu spät ist.

Die Nachteile einer geführten Alpenüberquerung:

- Der gebuchte Termin steht fest. Sie können die Tour wegen einer Schlechtwetter-Periode nicht verschieben.
- Sie können sich die anderen Teilnehmer nicht aussuchen. Neue Leute, die sie kennen lernen, könnten nicht auf Ihrer Wellenlänge liegen.
- Höherer Leistungsdruck als in einer Gruppe aus Fahrern, die sich bereits kennen und die den anderen nichts mehr beweisen müssen.
- Große Gruppen: Manche Veranstalter starten mit mehr als zwölf Teilnehmern auf Tour (bis zu 40 Personen wurden bereits gezählt!). Selbst wenn noch ein weiterer Guide mitfährt, zieht sich das Teilnehmerfeld unterwegs ganz unterschiedlich weit auseinander, Wartezeiten sind auch ohne Pannen garantiert. Für die Guides werden Sie so zur Nummer in einer Herde, die er möglichst heil und sicher über die Alpen bringen muss.
- Die Kosten: Der Rundum-Service eines Veranstalters kostet natürlich etwas mehr, als wenn Sie Ihre Alpenüberquerung selbst planen. So müssen Sie zum Beispiel für eine sechstägige Tour vom Tegernsee zum Gardasee (inklusive ÜF, zwei Abendessen, Gepäcktransport und Rücktransfer) beim günstigsten Veranstalter 649 Euro bezahlen.

So erkennen Sie einen guten Veranstalter:

- Ausgiebige Beratung (per Telefon oder E-Mail) über Schwierigkeitsgrad und Anforderungen der angebotenen Touren.
- Garantiert beschränkte Teilnehmeranzahl von maximal zwölf Personen pro Tour oder zumindest pro Guide.
- Sie erhalten mit der Buchungsbestätigung genaue Strecken-Informationen, vielleicht sogar Trainingstipps, und spätestens vier Wochen vor Tourenstart eine detaillierte Packliste.
- Einige Veranstalter bieten Vorbereitungswochenenden mit Testtouren und Tipps für Material, Ernährung und Training an.
- Souveräne Guides: Mit einer zwölfköpfigen Gruppe hat ein Guide alle Hände voll zu tun. Trotzdem sollte er die Truppe im Griff haben und Selbstsicherheit ausstrahlen. Orientierung, Organisation, Bike-Technik, Erste Hilfe und Menschenkenntnis sollten für einen Guide keine Fremdwörter sein!

Wer suchet, der findet!

Im Auto verlassen Sie sich auf ein Navigationssystem. In den Bergen werden Sie wieder zum Pfadfinder – Kartenlesen gehört zu den Fähigkeiten, die man für eine Transalp mitbringen sollte. Wir erklären Ihnen, wie Sie sich nur mit dem Papier in den Bergen zurechtfinden.

Sicheres Kartenlesen bedeutet für Biker: Sie können topografische Landkarten mithilfe der Höhenlinien dreidimensional lesen. Arten, Untergrund und Fahrbarkeit der Wege, Steigungsgrade sowie schwieriges Gelände (z. B. im Hochgebirge) sollten Sie erkennen und möglichst genau auf Ihre körperlichen Fähigkeiten hin einschätzen können. Im Klartext heißt das: Sie sollten jederzeit wissen, wo Sie sind (vor allem im Notfall!) und wie lange Sie von A nach B brauchen werden.

Welche Karten für welche Alpenländer?

- **Deutschland: Kompass-Karten[1] → www.kompass.at**
- **Österreich: Kompass-Karten[1]**
- **Italien: Kompass-Karten[1] oder IGC-Karten[1] (Istituto Geografico Centrale)**
- **Schweiz (Ost): Kompass-Karten[1]**
- **Schweiz (restliche): Landeskarten der Schweiz[1] → www.swisstopo.ch, teuer, aber sehr genau!**
- **Frankreich: IGN-Karten[1] (Institut Géographique National)**
- **Slowenien: Kompass-Karten[1]**

1 Maßstab 1:50 000

Sicheres Kartenlesen gehört zum Basiswissen eines jeden Alpenüberquerers und nicht nur für Biker, die sich ihre Route selbst entwerfen. Auch wenn Sie mit einem detaillierten Roadbook oder GPS-Gerät auf Tour sind, sollte Ihnen der Umgang mit dem Papier nicht fremd sein. Erstens schadet es nichts, stets zu wissen, wo man sich gerade befindet.

Und zweitens ist die topografische Karte die einzige Hilfe, auf die Sie sich im Notfall verlassen können. Wenn zum Beispiel eine Mure den geplanten Weg verschüttet hat. Aber auch eine Panne, ein Wetterumschwung oder ein Sturz können unterwegs zum Umdisponieren zwingen. Die Karte ist in diesen Fällen jederzeit greifbar und zwar unabhängig von Batterie und Satelliten- bzw. Antennen-Empfang (GPS, Handy). Umso wichtiger also, dass Sie mit den Informationen der Karte auch sicher umgehen können.

Das passende Kartenmaterial

Für eine Alpenüberquerung eignen sich die topografischen Landkarten von Kompass im Maßstab 1:50 000. Nicht, dass sie die genauesten Karten wären, aber es gibt sie länderübergreifend, und die Blattschnitte (so nennt man die einzelnen Karten) gehen nahtlos ineinander über – zumindest in den Ostalpen (siehe unten). Es gibt die Karten zum Teil zwar auch in kleineren Maßstäben, also noch detaillierter, aber der Maßstab 1:50 000 reicht zur Orientierung für Alpenüberquerer absolut aus. Außerdem brauchen Sie in dieser Größe nur zwischen sechs und acht Blätter, um eine ganze Transalp von Nord nach Süd abzudecken.

Gut sortierte Kartenläden

Kompass-Karten finden Sie in jeder gut sortierten Buchhandlung. Aber Sie können sie auch direkt beim Verlag bestellen:

→ **www.kompass.at** (mit Blattschnitt-Übersicht)

Nicht immer findet man so einen sonnigen Platz zum gemütlichen Karten-Studium. Bei Regen weicht das Papier auf, dann müssen Sie sich schneller orientieren.

Auch ausgefallene Landkarten führen dagegen zum Beispiel:

- **Geobuch München**, Rosental 6, 80331 München, Tel. 089/265030 (Karten aus aller Welt)
- **Alpina** (Spezialversand für Karten im Alpenraum), Münchnerstr. 10/II, 85609 Aschheim, Tel. 089/9037655

Details lesen lernen

Topografische Karten unterscheiden sich von anderen Straßenkarten dadurch, dass sie Gewässer, Siedlungen, Hütten, Baumbewuchs und sogar Sendetürme detailliert anzeigen. Straßen und Wege sind von der Autobahn bis zum kleinsten Trampelpfad eingezeichnet. Aber vor allem – und das ist für Biker besonders wertvoll – zeigen sie durch Höhenlinien, Schraffierungen und Schummerungen ein Relief der Erdoberfläche an. Alpenüberquerer können mit diesen Karten also den Untergrund (die Wegarten) herauslesen, mit dem angegebenen Maßstab die Streckenlängen bemessen und durch die Höhenlinien auch den Steigungsgrad der Wege erkennen. Doch was nützt das beste Kartenmaterial, wenn man die Informationen nicht ins Gelände übersetzen kann? Deshalb erklären wir hier anhand der topografischen Kompass-Karten die wichtigsten Details.

1 Entfernungen abmessen

Der Maßstab der Karte wird ebenfalls in der Legende angezeigt. Bei einem Maßstab von 1:50 000 entspricht ein Zentimeter auf der Karte 500 Metern in der Natur. Da die Wege in den Bergen sehr verschlungen und in den Kompass-Karten nicht immer ganz genau eingezeichnet sind, kann man die Entfernung nie hundertprozentig genau ablesen, aber ziemlich realistisch überschlagen.

2 Höhenmeter errechnen

Die braunen, etwas schwächer eingezeichneten

Linien stellen die Höhenlinien dar. Alles, was auf einer dieser (immer durchgezogenen) Linie zu sehen ist, befindet sich in der Natur auf gleicher Höhe. Der Abstand zur nächsten Linie beschreibt auf der Kompass-Karte einen Höhenunterschied von 100 Metern. Das bedeutet: Liegen die Linien weit voneinander entfernt, handelt es sich um eine eher flache Gegend. Je dichter sich die Höhenlinien dagegen staffeln, desto steiler ist das Gelände.
Schattierungen heben die einzelnen Bergflanken optisch hervor und steile Felsgrate werden zusätzlich mit Schraffierungen versehen.

3 Steigungsgrade der Wege erkennen

Wie steil nun die Wege durch das bergige Gelände führen, erkennt man an dem Winkel, in dem sie die Höhenlinien schneiden. Schneidet ein Weg zum Beispiel dicht gestaffelte Höhenlinien im 90-Grad-Winkel, können Sie sich auf eine sehr steile Rampe gefasst machen, die wahrscheinlich nur in asphaltiertem Zustand noch fahrbar ist. Dagegen lässt sich ein Schotterweg, der enge Höhenlinien im flachen Zickzack-Kurs schneidet, meist sehr angenehm fahren. Folgt ein Bergweg den Höhenlinien aber parallel, dann erwartet Sie ein flacher Höhenweg mit herrlichem Panorama – sofern kein Wald die Sicht versperrt.

Standort bestimmen im Gelände

Wenn Sie unterwegs Ihren Standort auf der Karte bestimmen wollen (oder im Notfall bestimmen müssen), falten Sie die Karte auf und drehen sie sich selbst und die Karte so, dass sie sich in der Lage mit der Natur deckt. Der obere Rand der Karte zeigt dabei immer nach Norden. Versuchen Sie Ihren Standpunkt nun anhand markanter Geländeformen (z. B. Gipfel, Täler, Flüsse, aber auch Hütten, Orte oder Weggabelungen) einzuordnen. Sind keine markanten Anhaltspunkte in Sicht, können Sie sich auch an der Sonne oder an der Bemoosung von Bäumen orientieren. Moos wächst normalerweise nur an der Wetterseite,

Ist das jetzt schon der richtige Abzweig? In den Alpen gibt es zwar deutlich weniger Abzweige als im Mittelgebirge, doch dafür tut eine falsch genommene Abfahrt auch mehr weh. Zum Beispiel, wenn Sie den falschen Berg wieder hinauf müssen.

Je steiler der Weg die Höhenlinien schneidet, desto steiler ist der Weg. In diesem Fall sind es 25 Prozent Steigung.

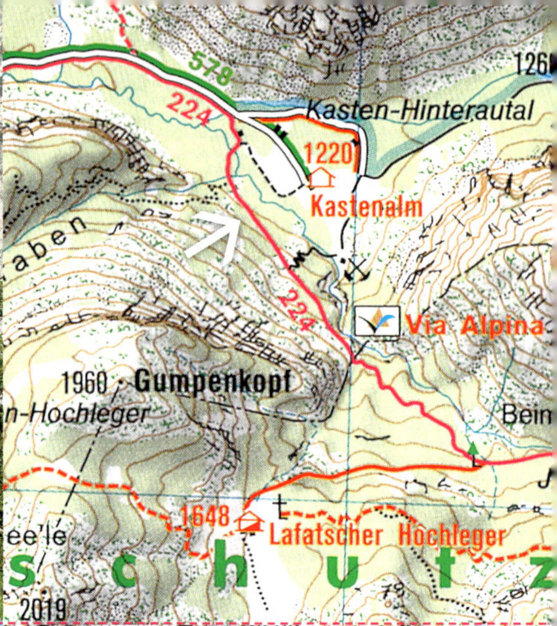

Je enger die Höhenlinien liegen, desto steiler ist das Gelände. Hier geht's fast senkrecht nach Innsbruck hinunter.

Der Weg läuft parallel zu dicht gestaffelten Höhenlinien. Achtung: flacher, aber ausgesetzter Weg mit Absturzgefahr.

Wegarten erkennen

Wie alle Karten besitzen auch die Kompass-Karten eine Legende, in der erklärt wird, auf welche Weise die unterschiedlichen Wegarten eingezeichnet sind. Nur wurden die Karten nicht speziell für Offroad-Biker, sondern hauptsächlich für Wanderer und Radwanderer angelegt. Ob die Wege nun tatsächlich mit dem Bike zu fahren sind, ist in einzelnen Fällen nur sehr schwer bis gar nicht zu erkennen. Die Asphaltstraßen stellen kein Problem dar. Ebenso die schwarz-umrandeten weißen oder farblosen Linien (Schotter- und Forststraßen, teilweise auch asphaltiert). Doch bei den einfachen Linien wird es schon schwieriger:

- **Durchgezogene, schwarze Linie:** Relativ gut erhaltener Karrenweg, Trail. Bedeutet: Meistens gut fahrbar.
- **Gestrichelte bis gepunktete schwarze Linie:** Mehr oder weniger gut erhaltener Pfad bis hin zum verblockten Steig. Für Biker bedeutet das: Gestrichelte Pfade können mit guter Fahrtechnik noch Spaß machen, gepunktet eingezeichnete im Zweifel besser nicht probieren (Steige, eventuell ausgesetzt).
- **Durchgezogene rote Linie:** breiterer Wanderweg bis Pfad, zumindest vom Untergrund her mit ziemlicher Sicherheit flüssig fahrbar und gut ausgeschildert. Im Hochgebirge aber auch Schwimmschotter (tiefer Schotter, in dem die Reifen zu schlingern anfangen) möglich.
- **Gestrichelte, rote Linie bedeutet in der Natur:** Meist fahrbarer bis leicht verblockter Pfad mit grober Markierung. Bergab sind diese Pfade manchmal griffiger als ein rutschiger oder ausgewaschener Schotterweg.
- **Gepunktete rote Linie heißt:** Pfad oder Steig, vorwiegend im Hochgebirge auf felsigem Untergrund, aber auch durch große Schotter- und Schutthalden. Die Trails führen zum Teil durch gefährlich ausgesetztes Gelände und sind bergauf nicht fahrbar (Schiebe- oder Tragestrecke). Bergab sind sie für mutige, technisch sehr gute Biker oft ein Highlight.

also auf der Nordwestseite der Baumstämme. Der Höhenmesser verrät Ihnen zusätzlich Ihre Standhöhe. Wie verläuft der weitere Weg in der Natur? Führt der Weg vor Ihnen weiter bergauf oder bergab? Vergleichen Sie das Gefälle mit den Höhenlinien in der Karte. Wenn auch das nicht hilft, sollten Sie bis zum letzten markanten Punkt zurückfahren, um sich neu zu orientieren.

TIPPS zum Üben

1. Nehmen Sie sich eine beliebige Tourenbeschreibung (z. B. Moser-Guide, Spotguide) und die entsprechende topografische Karte des entsprechenden Gebietes zur Hand. Tragen Sie die Route anhand der Tourenbeschreibung mit Leuchtstift in die Karte ein. Das schult das Auge und macht Sie mit der Karte vertraut. Wenn Sie die Route eingezeichnet haben: Versuchen Sie, die Entfernungs- und Höhenmeter der markierten Runde zusammenzurechnen. Dann vergleichen Sie das Ergebnis mit der genauen Angabe in der Tourenbeschreibung.
2. Testen Sie Ihre Kartenkenntnisse vor Ihrer eigenen Haustür. Nehmen Sie dazu eine topografische Karte Ihrer Gegend (Maßstab 1:50 000). Überlegen Sie sich eine wirklich neue Tour, die sämtliche Wegarten enthält (Asphalt, Schotter, Pfad). Markieren Sie die Route mit Leuchtstift und errechnen Sie Kilo-, Höhenmeter und Fahrzeit der Tour aus der Karte. Dann fahren Sie die Route mit einem Tacho ab. Wahrscheinlich werden Sie erschrecken: Allein durch die Orientierungsstopps verlieren Sie auf Ihrer neuen Hausrunde eine Menge Zeit. Kommen dann noch ein falscher Abzweig, eine Panne oder ein Sturz dazu, haben Sie eventuell das Doppelte der Zeit gebraucht, die Sie ursprünglich errechnet haben. In den Alpen gibt es zwar nicht so viele Abzweige wie im Mittelgebirge, aber ein falscher Abzweig ist hier meist mit einigen Bonus-Höhenmetern verbunden und damit doppelt anstrengend.

SPECIALIZED
MET
CRAFT

Clever packen!

Intelligent packen – leicht fahren. Der optimalen Transalp-Ausrüstung kommt mindestens so viel Bedeutung zu wie der Routenwahl. Hier finden Sie die komplette Packliste und die Tipps der Transalp-Profis.

Beim Trip über die Alpen sollte man sich nicht nur auf seine Weggefährten verlassen können, sondern auch auf sein Bike. Wenn es einen im Stich lässt, steht man vor größeren Problemen ...

Als der legendäre Feldherr Hannibal 218 vor Christus die Alpen überquerte, brauchte er sich über sein Reisegepäck keine Sorgen zu machen. Er und seine 50 000 Mann starke Truppe hatten 9000 Reiter, 37 Elefanten und Sklaven im Geleit, die Nahrung, Waffen und Ausrüstung transportierten.

Bei einer Bike-Transalp sieht die Situation jedoch anders aus. Wer sich abseits von asphaltierten Straßen durch die Alpen kämpft, schleppt seine komplette Ausrüstung mit sich herum, am Bike, am Körper und auf dem Rücken. Acht Tage Alpenüberquerung bedeutet daher auch Verzicht, den Verzicht auf Luxus. Jedes Gramm, das Sie unnötig in den Rucksack packen, drückt Sie tiefer in den Sattel, belastet den Rücken und erschwert die Auffahrt. Zudem schiebt das Mehrgewicht bergab unangenehm und belastet die Bremsen zusätzlich.

Die Losung beim Packen: so wenig wie möglich, und doch auf nichts verzichten. Für alle Fälle alles dabei, und trotzdem keinen Ballast befördern. Das sind die großen Hürden, die man bei der Planung überwinden muss.

Das Rucksack-Gesamtgewicht sollte die acht Kilo-Marke auf keinen Fall überschreiten, besser wären fünf bis sechs Kilo! Umso wichtiger, dass Sie sich bei der Ausrüstung auf die funktionellsten Teile konzentrieren. Gute Funktion gibt es nicht geschenkt. Aber sparen Sie nicht am falschen Ende, es wäre ärgerlich, wenn Ihr Vorhaben an den falschen Schuhen, einem wunden Hintern, Rückenschmerzen oder einer handfesten Erkältung scheitern würde. Außerdem können Sie diese Ausrüstung auf jeder normalen Tagestour weiter verwenden.

Die folgende Ausrüstungsliste beinhaltet alle Utensilien, die Sie während einer Transalp wirklich brauchen. Klar, dass Sie mit dieser Minimal-Ausstattung nicht jeden Tag aprilfrisch starten. Aber schließlich sind Sie im Abenteuer-Urlaub. Genießen Sie den Duft der Freiheit! Einige Teile aus dieser Packliste können Sie auf Ihre Reisegruppe verteilen.

Das klassische Hardtail ist 1-2 Kilo leichter als ein Fully und wartungsärmer. Wir ziehen dennoch das Fully vor.

Zwischen 11 und 13,5 Kilo sollte Ihr Transalp-Bike höchstens wiegen. Ein Fully darf ruhig je 100 Millimeter Federweg besitzen!

Das Bike

Die Frage **„Hardtail oder Fully?“** gerät zur Philosophie, ja fast schon zur Lebenseinstellung. Die Zeiten, in denen man Alpenüberquerern wegen des geringeren Defektrisikos pauschal zum Hardtail (Bike mit Federgabel) geraten hat, sind vorbei. Ein Fully (Fullsuspension, voll gefedertes Bike) beschert in jedem Fall mehr Spaß bergab, bringt Sicherheit und spart auch bergauf über holperigen Untergrund Kraft. Ganz zu schweigen von der Entlastung der Wirbelsäule, die man durch den Rucksack ohnehin genug belastet. Letztendlich wird wohl kaum jemand, der eine Transalp plant, extra dafür ein neues Bike kaufen, sondern mit dem Gerät starten, das er in der Garage stehen hat, das er gewohnt ist und zu reparieren weiß.

Das perfekte Transalp-Bike

Federung
Zwischen 80 und 120 Millimetern Federweg darf Ihr Bike schon haben. Je mehr, desto besser, meinen wir. Bedenken Sie, dass Ihr Systemgewicht inklusive Rucksack um einiges höher ist als sonst. Passen Sie also die Federung schon vor dem Trip darauf an! Blockierbare Federelemente erleichtern lange Asphaltpassagen, weil sie nicht wippen.

Sattel
Erlaubt ist, was bequem ist! Fahren Sie ein Modell, das Ihnen auf langen Strecken komfortabel genug ist. Sparen Sie hier nicht unnötig an Gewicht!

Laufräder und Reifen
Leichte Laufräder sparen Kraft. Leicht rollende Reifen ebenso. Gehen Sie beim Profil der Pneus aber lieber auf Nummer Sicher. Breit und griffig geht vor schmal und rutschig.

Pedale
Klickpedale sind absolut Standard an Transalp-Bikes. Montieren Sie eventuell breitere Pedale mit mehr Auftrittsfläche, anstelle dieser minimalistischen Rennfahrer-Modelle.

Flaschenhalter

Mindestens einen Halter für eine große Flasche sollte Ihr Bike besitzen. Nur so können Sie sich das Gewicht der Trinkblase im Rucksack sparen.

Cockpit

Ein breiter, leicht geschwungener Lenker bietet die größtmögliche Kontrolle und Platz für alle Armaturen. Ein zu schmaler Lenkbügel sorgt für Nervosität. Sitzen Sie lieber etwas aufrechter als sonst, ein höherer Vorbau kann nicht schaden. So meistern Sie auch steile Bergab-Passagen einfacher. Vorsicht: Eine zu aufrechte Sitzposition verlagert das Gewicht weit nach hinten (Rucksack!) und führt bergauf zu einem aufbäumenden Vorderrad!

Bremsen

Scheibenbremsen haben gegenüber Felgenbremsen klare Vorteile, besonders für Fahrer mit schwerem Rucksack auf dem Buckel. Packen Sie aber unbedingt Ersatz-Beläge ein!

Und was noch?

Starten Sie mit einem frisch gewarteten Bike. Neue Schaltzüge und zentrierte Laufräder erleichtern Ihren Trip. Wir empfehlen einen Sattelschnellspanner!

Bike-Wartung vor der Tour

Im Gegensatz zu modernen Autos lassen sich die meisten Probleme am Bike selbst beheben – ein wenig technisches Geschick vorausgesetzt. Falls Sie sich aber mit der Bike-Technik nicht so gut auskennen, geben Sie das Bike vor der Alpenüberquerung noch einmal in die große Inspektion. Bitten Sie den Fachhändler Ihres Vertrauens, die Laufräder zu zentrieren, Bremsbeläge zu checken und den Zustand der Reifen zu kontrollieren. Lassen Sie alle Verschleißteile austauschen – sofern auf den nächsten 500 Kilometern ohnehin fällig. Neue Schaltzüge erleichtern die Gangwechsel und funktionieren auch nach einer Regenetappe noch besser als verschlissene (müssen aber eventuell nach einer Etappe nachjustiert werden). Falls Kette und Ritzel Verschleißerscheinungen zeigen – austauschen! Besser jetzt, als unterwegs, wo die Wahrscheinlichkeit, einen gut sortierten Bikeshop zu finden, ziemlich gering ist. Falls Sie mit einem Fully starten, sichten Sie das Bike auf mögliche Defekte im Bereich der Federung (Aufhängung, Lagerung). Der Dämpfer sollte einwandfrei funktionieren. Im Fall der Fälle bietet ein Stahlfeder-Dämpfer bessere Notlaufeigenschaften als ein luftgefedertes Modell, das bei einem Luftverlust in sich zusammensackt.

Werkzeug

Jeder Teilnehmer sollte zwei Ersatzschläuche mit sich führen, zusätzlich das klassische Flickzeug, eine kleine Pumpe und ein Miniwerkzeug für die kleinen Wartungsarbeiten (z. B. Sattelstütze verstellen, Bremsen und Schaltung justieren). In Ihrer Gruppe sollten Sie zumindest eine Dämpferpumpe transportieren (mit Ventiladaptern für die verwendeten Dämpfer- und Gabelmodelle). Nicht vergessen: Falls Sie Klickpedale fahren, montieren Sie bei Bedarf neue Cleats (Pedalplatten) an die Schuhe (passend zu den Pedalen) und stecken Sie ein paar Ersatzschrauben für die Platten ein.

Ersatzteile/Technik (auf die Gruppe verteilen)

- **Ersatz Inbus-Schrauben** (z. B. für Flaschenhalter oder Dämpferaufhängung)
- Eventuell **Lager-Ersatzteile** für den Hinterbau
- **Bremsbeläge** (besonders dann, wenn man ein unübliches Fabrikat benötigt!)
- **Ersatz-Schaltauge** (bleibt gerne mal an einem Felsen hängen)

Miniwerkzeug

Flickzeug

Luftpumpe

Dämpferpumpe

2 Ersatzschläuche

Klebeband

Kettenglieder, Nietstifte oder Ketten-Schloss
(z. B. von Sram)

Kabelbinder

Das haben Sie an

Alpenüberquerer brauchen allwettertaugliche, praktische, leichte, schnell trocknende, aber auch warme Funktionsbekleidung. In den Bergen fällt die Temperatur (bei schönem Wetter) pro 100 Höhenmeter um 0,5 bis 1 Grad. Während Sie also im Tal bei 25 Grad den Anstieg in Angriff nehmen, können Ihnen am Pass auf über 2 500 Meter bereits frische 12 Grad durchs verschwitzte Trikot pusten.

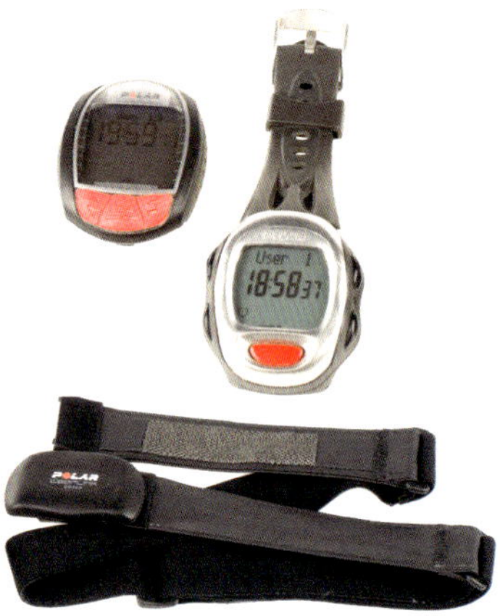

Wichtige Begleiter: Pulsmesser und Radcomputer.

Radcomputer

Der Computer ist für die Routenfindung ein unerlässliches Instrument. Stellen Sie ihn bereits vor der Tour exakt ein, falls er einen Höhenmesser besitzt, justieren Sie diesen mehrmals täglich neu anhand der Höhenangabe am Gipfelkreuz oder einer Hütte. Denken Sie an eine frische Batterie!

Pulsmesser

Den Pulsmesser befestigen Sie entweder am Handgelenk oder am Lenker – sofern dort noch Platz ist. Am Pulsmesser können Sie Ihre Belastung ablesen und steuern, er zählt Kalorien und zeichnet je nach Modell auch ihre komplette Tour mit Höhenprofil, Tempo und Herzfrequenz auf, die Sie zuhause auf einen Computer überspielen und ausdrucken können.

Bike-Brille

Sie schützt vor Fahrtwind, Insekten und Ästen, die in den Weg ragen. Getönte Gläser schützen zusätzlich vor der starken Sonneneinstrahlung im Hochgebirge. Packen Sie ein klares und ein getöntes Glas ein.

Funktionsunterhemd

Zusammen mit dem Trikot sorgt es für einen schnellen Schweißabtransport und damit für ein trockenes Gefühl auf der Haut. Es muss aber eng am Körper anliegen, um diese Funktion erfüllen zu können!

Trikot

Wählen Sie ein Kurzarm-Trikot (mit möglichst langem Reißverschluss) und regulieren Sie die Temperatur durch die Kombination mit Armlingen. Ein Langarmtrikot könnten Sie dagegen nur auf Abfahrten gebrauchen und bis dahin nimmt es nur Platz im Rucksack weg.

Regen- und Windjacke

Atmungsaktive und gleichzeitig hundertprozentig wasserdichte Jacken gibt es nicht. Finden Sie sich also mit einem Kompromiss ab. Um während der langen Alpenabfahrten nicht auszukühlen, sollte Ihre Jacke im Brustbereich einen windabweisenden Einsatz haben. Verstauen Sie die Jacke so, dass Sie unterwegs schnellen Zugriff haben!

Schuhe

Bei einer Alpenüberquerung braucht man feste Schuhe mit flexibler Profilsohle. Wenn Sie mit Klickpedalen fahren, sollten die Schuhplatten völlig in der Sohle versenkt sein, damit Sie bei Laufpassagen auf nacktem Fels nicht wegrutschen. Vorsicht bei Schuhen mit Ratschen-Verschlusssystem: Wenn das System beispielsweise bei einem Sturz kapituliert, lässt sich der Schuh nicht mehr fixieren. Leichte Rennschuhe drängen sich ebenfalls nicht auf, weil sie eine extrem harte Sohle haben. Schraubstollen bieten beim Laufen über Felsen keinen Halt. Wählen Sie keine zu schweren Schuhe, die sich bei Regen vollsaugen und langsam trocknen.

Helm

Der Helm ist bergab, aber auch bergauf, ihr einziger Schutz! Was hilft der Helm am Lenker oder hinten am Rucksack, wenn Sie bei der Auffahrt zum Beispiel von einem Ihnen entgegenrasenden Biker über den Haufen gefahren werden? Wenn es Ihnen bergauf unterm Helm zu heiß wird, besitzen Sie das falsche Modell. Es gibt mittlerweile Helme, die so gut belüftet sind, dass man sie beim Tragen kaum spürt. Bedenken Sie: Statistisch gesehen passieren die meisten Unfälle in einfachem Gelände.

Handschuhe

Mit Handschuhen haben Sie den Lenker auch bei schweißtreibenden Auf- und Abfahrten besser im Griff und im Falle eines Sturzes beugen sie schmerzhaften, schlecht heilenden Schürfwunden vor. Gelpolster am Handballen absorbieren kleine Schläge und schützen den empfindlichen Ulnarus-Nerv. Achten Sie auf die richtige Größe, damit sich keine Blasen bilden. Dünne Langfinger-Handschuhe bieten den perfekten Rundumschutz.

Bikeshorts

Acht Tage im Sattel – der Popo ist bei einer Transalp der wunde Punkt. Die Anschaffung einer Bike-Hose mit komfortablem Sitzpolster lohnt sich unbedingt. Um Haut und Polster geschmeidig zu machen und Reibungspunkten vorzubeugen, verwenden Profis zusätzlich antibakterielle Gesäßcreme (z. B. von Xenofit, Sixtus oder Assos). Bikehosen werden übrigens ohne Unterwäsche getragen, da gibt es keine Diskussion! Die Nähte oder Falten der Unterhose arbeiten sich sonst nach wenigen Stunden quälend ins Sitzfleisch. Schon eine kleine Wunde führt zu schmerzhaften Sitzproblemen. Wenn Sie weite Freeride-Shorts bevorzugen, sollte die Innenhose zum täglichen Waschen herausnehmbar sein, damit sie schneller trocknet.

Der Rucksack

Optimal eignet sich ein Touren-Rucksack mit 25 bis 30 Liter Fassungsvermögen. Größere Rucksäcke schieben Ihnen spätestens bei der ersten Abfahrt den Helm ins Gesicht. Außerdem verleiten größere Rucksäcke dazu, mehr Dinge einzupacken, als man wirklich braucht. Als praktisch erweisen sich kleine Extrafächer für Geldbeutel, Erste-Hilfe-Set (schneller Zugriff) und Wasch-Utensilien (könnten auslaufen). Und legen Sie auch auf einen schnell greifbaren Regenüberzug Wert, der sich leicht befestigen lässt.

Das transportieren Sie im Rucksack

Den Rucksack mit einer großen Plastiktüte auskleiden oder die Kleidungsstücke in mehreren kleinen Tüten verstauen. Trotz Regenüberzug könnte bei längeren Regenfahrten Wasser durch die Nähte in den Rucksack sickern. In Tüten verpackt bleiben Ihre Sachen auf jeden Fall trocken.

So packen Sie richtig

Grundsätzlich gehören schwere Sachen nach unten, leichteres Material nach oben, damit der Rucksack nicht an den Schultern hin und her wackelt. Das Gewicht gleichmäßig verteilen. Ein schiefer Rucksack verursacht Rückenschmerzen!

Armlinge & Beinlinge

Armlinge sind kleiner im Packmaß, leichter und praktischer als ein Langarmtrikot, und lassen sich bei der Abfahrt schnell überstreifen. Wird es wieder zu warm, schiebt man sie mit einem Handgriff zum Handgelenk hinunter.

Beinlinge bieten die gleichen Vorteile wie Armlinge, mit dem Unterschied, dass man Beinlinge zur Temperaturregulierung ganz ausziehen muss. Hoch- oder runterkrempeln funktioniert nicht!

Helm-Unterziehhaube oder Mütze

Für kalte Etappen oder für den verschwitzten Kopf während der Hütten-Einkehr. Ein warmer Kopf schützt vor Erkältungen!

Regenüberhose

Was für die Regenjacke gilt, trifft auch auf die Regenüberhose zu. Sie ist nicht wirklich dicht. Aber das Zwiebelprinzip ist immer noch besser, als sich im Regen mit tropfnasser Hose und Beinlingen der Verdunstungskälte und dem eisigen Fahrtwind auszusetzen.

Socken

Socken wärmen Achillessehne und Fußgelenk und sorgen für festen Halt in den Schuhen. Achten Sie darauf, dass die Socken im Schuh keine Falten werfen. Auch hier bieten sich spezielle, gut sitzende Funktionssocken an, sie trocknen nach dem Waschen auch schneller als Modelle aus Baumwolle.

Gore-Socken

An Regentagen werden zwar Ihre Schuhe nass, aber die Füße bleiben trocken. Und das ist das Wichtigste. Bei Überschuhen aus Neopren dringt früher oder später Wasser von unten in die Schuhe ein, und auf Tragepassagen auf nassem, rutschigem Fels verdecken sie das griffige Profil der Schuhe.

Je ein(e) Ersatz-Unterhemd, -Trikot, -Bikehose, -Sockenpaar

So viel Luxus sollte sein. Schon um Ihre eigene Nase zu schonen. Waschen Sie jeden Abend die getragene Bike-Bekleidung mit Seife (Shampoo) aus. Teile, die über Nacht nicht ganz getrocknet sind, können Sie am nächsten Tag während der Fahrt außen am Rucksack befestigen.

Für abends und die Freizeit

Ein bis zwei T-Shirts, eine leichte Freizeithose, zwei Paar Socken, zweimal Unterwäsche, eine Fleecejacke (-Weste) und ein leichtes Paar Schuhe (z. B. Badeschlappen) reichen aus. Leichte Bekleidung findet man zum Beispiel in der Kletterabteilung eines Sportgeschäfts.

Hüttenschlafsack

Den leichten Hüttenschlafsack brauchen Sie nur in Hütten mit Matratzenlager. Ob er also nötig ist, klären Sie am besten bei der Reservierung. Viele Hütten in den Ostalpen bieten mittlerweile normale Bettwäsche an.

TIPP **Verzichten Sie auf die Trinkblase im Rucksack! Die Befüllung der Blase ist unterwegs relativ umständlich, außerdem wiegt sie voll bis zu zwei Kilo zusätzlich. Auch hätte ein Auslaufen der Blase fatale Folgen. Montieren Sie besser einen zweiten Flaschenhalter am Rahmen. Wenn das nicht möglich ist, genügt eine große Trinkflasche. In den Alpen findet man regelmäßig Auffüllmöglichkeiten an Hütten, Brunnen oder Bächen.**

So stellen Sie den Rucksack ein

Mit Schulter- und Brustgurt lässt sich der Rucksack auf jeden Körper einstellen und das Gewicht optimal verteilen.

Tipps für mehr Komfort

- Sieben bis acht Kompass-Karten wiegen 500 Gramm. Wenn Sie die benötigten Ausschnitte herauskopieren, sparen Sie ca. 400 Gramm.
- Wer es komfortabler mag, organisiert sich ein privates Begleitfahrzeug als Gepäck-Shuttle oder einen Gepäcktausch auf halber Strecke. Möglicherweise organisiert dieser Kollege auch Ihren Rücktransfer ...
- Abschlussfeier in stinkigen Klamotten? Wenn Sie niemanden haben, der Ihnen frische Kleidung zum Zielort bringt, dann schicken Sie sich doch von Zuhause ein Paket mit frischer Wäsche an das Hotel Ihres Zielortes (aber melden Sie das vorher dort an!).

Fragen zur Transalp-Ausrüstung

Kann ich die Alpen auch mit Gepäckträger und Packtaschen überqueren?

Nur wenn Sie auf einfachsten Wegen und Asphaltstraßen in den Tälern unterwegs sind. Sobald es technischer wird, bringt Sie das Gewicht am Hinterrad ins Schlingern, auf schmalen Trails bleiben Sie mit den Taschen an Felsen und Büschen hängen und eine Tragepassage am Alpenhauptkamm ist mit den Packtaschen nahezu unmöglich. Auf keinen Fall montieren: Gepäckträger für Fullys (Befestigung nur an der Sattelstütze)! Sie brechen mit Gewicht immer wieder seitwärts aus.

Wie kann ich mein Bike unterwegs und nachts vor Diebstahl schützen?

Ein leichtes Kabelschloss (gibt es zum Beispiel aus dem Skibedarf, siehe Foto!) lässt Sie vermutlich besser schlafen, zumal Bike-Klau abgesehen von der Almhütte weit verbreitet ist. Ein stabiles Bügelschloss ist sicher zu schwer. Fragen Sie alternativ nach einem abschließbaren Raum (Skikeller) oder machen Sie Ihre Bikes nachts fahruntüchtig (z. B. Sattelstütze und Vorderrad mit in die Hütte nehmen, Bremse aushängen).

Orientierung

Die Karten für die aktuelle Etappe sollten Sie jederzeit griffbereit verstauen.

Roadbook: Das jeweilige Blatt spannen Sie in die Lenkerhalterung.

Batterien fürs GPS: Ein GPS-Gerät frisst Batterien, vor allem bei Kälte. Planen Sie mindestens zwei Batterien pro Tag ein. Oder packen Sie ein kompaktes Akkuladegerät ein.

Sonnencreme

Wählen Sie bei der Sonnencreme einen schwitzfesten, hohen Schutzfaktor (LSF 20-30). Gesicht (Nase), Nacken, Beine und vor allem die (Ober-) Arme sind den ganzen Tag der Sonneneinstrahlung ausgesetzt. Ist die Haut auf den Armen erst einmal verbrannt, helfen nur noch die Armlinge – und das womöglich bei 30 Grad!

Waschsachen

Handtuch: Ein kleines Handtuch reicht. Gewichtsfetischisten schneiden davon sogar noch die Hälfte weg. Optimal: Ein kleines Outdoor-Handtuch aus Mikrofaser ist klein, leicht und trocknet schneller als ein Frottee-Pendant.

Eine Flasche Shampoo reicht für fünf Teilnehmer, die sich selbst und ihre Wäsche jeden Abend waschen. Das Gleiche gilt für Zahnpasta, Gesäßcreme und Sonnencreme. Wenn Sie lieber eigenes Waschzeug mitnehmen wollen: Kleine, leichtere Fläschchen und Tuben gibt es im Reformhaus oder vom letzten Hotelbesuch.

Energieriegel und -Gel

Für den schnellen Energieschub zwischendurch. Vor allem bei kaltem, regnerischem Wetter nötig, weil der Körper dann mehr Energie verbraucht. Drei bis vier Riegel und Gel-Beutel sollten Sie für den Fall einer plötzlichen Unterzuckerung unbedingt dabei haben!

Erste-Hilfe-Set

Ein Notfall-Päckchen reicht für die Gruppe aus. Es gibt diverse kleine, speziell für Biker entwickelte Erste-Hilfe-Kits auf dem Markt.

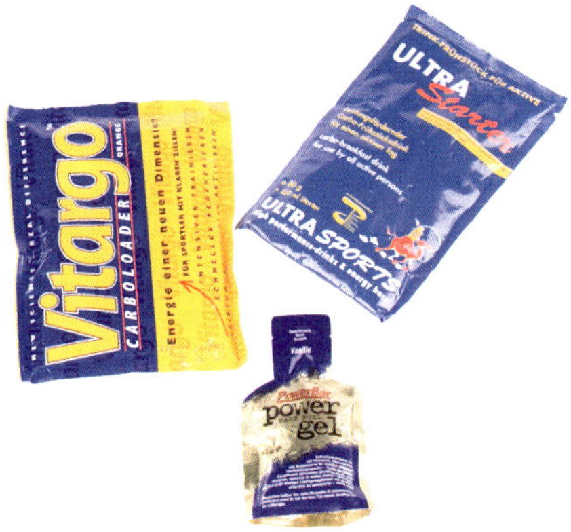

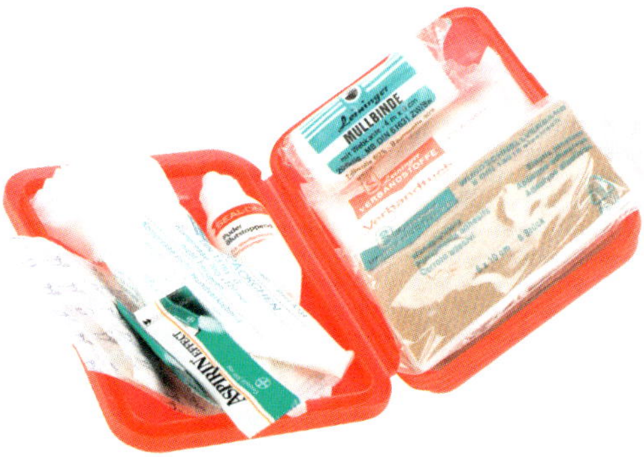

Packliste

AM KÖRPER TRAGEN SIE

- Helm
- Brille
- Unterhemd
- Trikot
- Handschuhe
- Bikehose
- Socken
- Bike-Schuhe
- Pulsmesser mit Brustgurt

IM RUCKSACK (FÜR EINE 8-TÄGIGE TOUR)

Zum Biken

- Ein Wechsel-Trikot
- Ein Wechsel-Unterhemd
- Eine Wechsel-Hose
- Ein Paar Wechsel-Socken
- Beinlinge
- Armlinge
- Eine Regenjacke und Regenhose
- Gore-Socken
- Eine dünne Fleecejacke
- Eine Haube für unter den Helm

Für abends

- Zweimal Unterwäsche
- Ein bis zwei T-Shirts
- Eine leichte Hose für abends
- Leichte Schuhe (Badeschlappen)
- Zwei Paar Socken

Körperpflege

- Ein kleines Handtuch
- Eine kleine Flasche Shampoo
- Ein Kamm/Bürste
- Evtl. Rasierer
- Gesäßcreme
- Sonnencreme
- Deo
- Zahnpasta, Zahnbürste

Orientierung

- Karten (etwa sieben Stück)
- Batterien/Akku-Lader fürs GPS
- Zehn Seiten Roadbook

Ersatzmaterial und Werkzeug

- Multitool mit Kettennieter
- 2 Ersatzspeichen
- 2 Schläuche
- Ersatz-Bremsbeläge
- Flickzeug
- Eine kleine Flasche Öl
- Eine Minipumpe
- Eine Dämpferpumpe

EXTRA

- Digital-Kamera
- Erste-Hilfe-Set
- Handy, Ladekabel

Fit für die Alpen

Der Feierabend auf der Couch macht Sie sicher nicht fit für die Alpenüberquerung. Dieses Kapitel erklärt, wie Sie Ihren Körper auf endlose Höhenmeter und lange Abfahrten vorbereiten.

Nur die Berge machen fit für die Berge. Wer über die Alpen will, braucht Kraft, Ausdauer und auch ein ordentliches Niveau in Sachen Fahrtechnik. Das alles trainieren Sie am besten mit Wochenendtouren im Gebirge.

Herzlichen Glückwunsch zu Ihrer Entscheidung, eine Alpenüberquerung zu machen. Ihnen stehen fantastische Erlebnisse bevor. Naturerlebnis auf einem neuen Niveau – und in der Gruppe verstärken sich alle Eindrücke noch mehr. Aber eine Transalp ist kein Spaziergang. Sie werden auch die eigenen Grenzen erfahren und überschreiten. Wenn Sie sich auf dieses Abenteuer einlassen, gehen Sie eine Verpflichtung ein. Gegenüber der Natur, Ihren Gruppenmitgliedern und sich selbst. Je fitter Sie sind, desto leichter fällt Ihnen die Expedition, desto mehr können Sie sie genießen und Ihren Mitfahrern eventuell Motivation und Unterstützung geben.
Nun die schlechte Nachricht: Den Trip über mehrere Tage mit Tausenden von Höhenmetern darf man nicht auf die leichte Schulter nehmen. Er fordert stabile Grundlagenausdauer, ein hohes Maß an Kraftausdauer, fahrtechnisches Geschick, und hie und da werden Sie auch mal aus dem Sattel steigen und laufen bzw. klettern müssen. Das Ganze mit einem ordentlichen Rucksack auf dem Buckel. Nicht zu vergessen: Die Abfahrten kosten ebenso Kraft, ein fahrtechnischer Feinschliff kann also nicht schaden.
Und jetzt die gute Nachricht: Man muss sich nicht mit fettfreiem Essen geißeln, nicht auf das Glas Rotwein am Abend verzichten und schon gar nicht wie ein Hamster auf der Rolle strampeln. Sie können mit etwas Disziplin auch neben dem Job fit werden und sogar mit einem knappen Sportprogramm Ihre Form steigern. Auch Einsteiger können sich in einigen Wochen in Schuss bringen, ausreichend für eine mehrtägige Alpenüberquerung.

Welche Fähigkeiten verlangt eine Transalp?

Erschreckend viele Biker starten schlecht vorbereitet in die Alpen, stellen Transalp-Veranstalter immer wieder fest. Und das verwundert nicht. Alpentouren spielen in einer eigenen Liga, die man mit Touren im Mittelgebirge nicht im geringsten vergleichen kann. Auf einer normalen drei Stunden dauernden Tour im welligen Terrain sammelt man vielleicht 800 Höhenmeter – weil man sich im ständigen Wechsel von bergauf, bergab und Flachpassagen bewegt. Ein langer Anstieg dauert hier vielleicht mal zwanzig Minuten. In den Alpen reden wir über Stunden. Alpenüberquerungen haben einen anspruchsvollen Charakter: Lang bergauf und lang bergab, „Rollerpassagen" gibt es nur in den Tälern. Konkret beinhaltet eine Tagesetappe in der Regel zwei lange Anstiege von etwa 800-1000 Höhenmetern, dazwischen liegt mindestens eine lange, fordernde Abfahrt. In Zahlen: gut 1500 Höhenmeter am Tag, stundenlanges Klettern und eventuell sehr fordernde Downhills auf rutschigem oder verblocktem Untergrund. Diese Hürden wollen Sie – je nach Route und Länge – über fünf bis acht Tage überwinden. Zwei bis drei Tage geht's meist ganz gut, doch ab dem vierten oder fünften Tag werden die Beine schwer, man gelangt an die Reserven. Aber lassen Sie sich nicht abschrecken. Vor Ihnen haben schon viele Biker die Überquerung geschafft. Und dabei wird Ihnen dieses Kapitel helfen. Wir zeigen Ihnen, wie Sie den Treck über alle Berge richtig genießen können.

Leistungscheck: Schaffen Sie 500 Höhenmeter in der Stunde?

Als Faustegel für alle Alpenüberquerungen gilt: 500 Höhenmeter pro Stunde sollten Sie ohne große Anstrengung schaffen. Sie erreichen mehr? Umso besser. Diese Faustregel lässt sich mit einem Höhenmesser auf einem langen Anstieg einer Tour leicht checken. Wer im Flachland wohnt, testet dies eben an einem kürzeren Berg und rechnet das dann hoch. Mit dieser Formel können Sie sich ausmalen, wie Ihre Tagesetappen aussehen werden. Es schadet auch nicht, wenn Sie schon einmal 1000 Höhenmeter am Stück gefahren sind. Drei Stunden rein bergauf kommen da schnell zusammen. Wählen Sie für Ihre erste Transalp im Zweifelsfall lieber eine leichtere Route oder die Einsteiger-Variante des Veranstalters. Stellen Sie den Urlaubs- und Erlebnisgedanken höher als den „Ich mach's auf die harte Tour"-Ehrgeiz.

Der Vorteil gemeinsamer Trainingsausfahrten: Sie merken schnell, ob die Gruppe konditionell zusammenpasst und ob Sie sich aufeinander verlassen können.

So sieht eine optimale Transalp-Vorbereitung aus:

1 Für die langen Etappen und Distanzen braucht man Grundlagentraining als Basis: Durch Grundlagentraining – also ausgedehnte, lockere Touren in leichtem Gelände – gewöhnt man den Körper daran, so lange wie möglich die gespeicherten Fette als Energielieferanten heranzuziehen und auch bei mittleren Belastungen noch nicht auf die wenig ökonomische Verbrennung von Zucker (Kohlenhydraten) umzuschalten. Denn der Fettstoffwechsel und der Grundlagenbereich bilden die wichtigste Voraussetzung für eine Alpenüberquerung. Der Fettstoffwechsel wird über die acht Tage mit stundenlanger Ausdauerleistung zum Hauptenergielieferant. Mit der im Körper gespeicherten Fettmenge könnte man Tausende von Kilometern fahren, mit den in Leber und Muskulatur vorhandenen Kohlenhydraten dagegen nur maximal zwei Stunden. In der Praxis: Vielleicht haben Sie das auf einer Ihrer ersten Touren im Frühjahr schon mal erlebt: Schon nach kaum einer Stunde tritt eine Unterzuckerung ein, es wird Ihnen flau im Magen, die Beine werden weich, Sie müssen essen. Grundlagentraining schiebt diese Hungergrenze um Stunden hinaus. Grundlagenausdauertraining zieht sich über mehrere Wochen, egal in welcher Sportart. Die Grundlagenausdauer lässt sich zum Beispiel auch mit Skilanglauf, Laufen oder Skitouren gehen trainieren – was zählt, sind immer nur die Dauer und die Intensität: lieber ruhiger, aber 15 Minuten länger! Die Trainingsdauer bringt den Erfolg. Sinnvoll sind mindestens vier Einheiten in der Woche. Ohne die Basis des Grundlagentrainings macht Kraftausdauertraining keinen Sinn.

2 Kraftausdauer für die Berge: Eine Alpenüberquerung erfordert zusätzlich zur Grundlagenausdauer ein ordentliches Niveau an Kraftausdauer. Denn ohne Kraft kommt man keinen Berg rauf – da hilft auch der noch so kleine Gang nicht. Fürs Training bedeutet das: Im Kraftausdauerbereich gewöhnt man die Muskulatur daran, über einen langen Zeitraum hohe Widerstände zu bewältigen, also mit schweren Gängen bergaufzufahren.

3 Fahrtechnik für die Abfahrten: Sichere Bike-Beherrschung spart Kraft und bringt auf schwierigen Pfaden auch viel mehr Spaß. Streuen Sie also auf Ihren Trainingstouren technische Passagen ein und absolvieren Sie bei Bedarf ein Fahrtechnikseminar.

4 Gewicht reduzieren: Nicht nur an Bike und Gepäck, sondern auch am Körper. Im Gegensatz zur aktiven Muskelmasse bescheren Fettpolster keinerlei Vorteile bei der Fortbewegung. Ein paar Kilo Körpergewicht verlieren, verleiht Flügel. Wie das geht, steht auf Seite 82. Optimal: Erwachsene Männer sollten unter 20 Prozent Körperfettanteil anpeilen, Frauen unter 25 Prozent.

5 Begleitend dazu schadet es nicht, die Rumpfmuskulatur mit zum Beispiel ein paar Sit-Ups, Liegestützen oder Rückenübungen zu kräftigen (siehe S. 93), damit bereitet man sie auf den Rucksack-Transport vor.

Alternativsport im Winter

Bei schlechtem Wetter können Sie statt Rad fahren auch Joggen (Verhältnis eins zu zwei: eine Stunde Lauf entspricht etwa zweien auf dem Rad), Ergometer fahren oder Skilanglaufen (Verhältnis eins zu eins Komma fünf).

Wann startet man mit der Vorbereitung?

Idealerweise bereitet man sich schon über den Winter mit Ausgleichssport vor. Laufen, Fitness-Studio, Wintersport. Ab März sollte das spezifische Bike-Training beginnen. Die Wochenpläne für 12 Wochen, acht Wochen und einen Vier-Wochen-Notfallplan für den schnellentschlossenen Tourer finden Sie ab Seite 84. Wir unterscheiden bei diesen Anleitungen in Freizeitbiker, ambitionierter Tourenbiker und Marathonfahrer. Als Faustregel gilt:

- Der **Freizeitbiker** sollte zwei bis drei Mal in der Woche auf Tour gehen, um Fitness aufzubauen und zu halten.
- Ein **Tourenbiker**, der eventuell die Transalp-Challenge ins Auge fasst, sollte mindestens zwei, besser drei Monate vor dem Start mit einer systematischen Vorbereitung beginnen. Dazu gehören zirka drei bis fünf Tage Training und Ausgleichssport in der Woche.
- Ehrgeizige **Marathonfahrer** finden im Kapitel acht (Transalp-Challenge) einen Spezial-Trainingsplan.

TIPP Laufen als Atemtraining. In der Höhe der Alpen (ab ca. 1200 m ü. n. N.) gewinnt die Sauerstoffaufnahme weiter an Bedeutung. Wer dann hechelt wie ein Hund, kann den Organismus nicht ausreichend mit Sauerstoff versorgen, denn eine flache Atmung bedeutet schlechten Gasaustausch. Die Atmung kann man ideal beim Joggen trainieren. Einfach immer drei Schritte lang einatmen und vier Schritte lang ausatmen!

Winter-Vorbereitung durch Laufen (z. B. Januar-Februar)

Woche	Montag	Dienstag	Freitag	Samstag
1-3	30 min.	45 min.	30 min.	60 min.
4[1]	frei	30 min.	30 min.	30 min.
5-7	30 min.	60 min.	2x10 min.[2]	60 min.
8[1]	frei	30 min.	30 min.	30 min.

1 Ruhewoche 2 G2-Bereich

Trainingsumfang und Ziele

Kategorie	Zeitaufwand	Mögliche Ziele
Freizeit-biker	2-4 h pro Woche (120 h pro Jahr)	Touren, Kurzstrecken-Marathons bis 40 km, Alpenüberquerung über 5 Tage (leicht)
Touren-biker	3-7 h pro Woche (250 h pro Jahr)	7-Tages-Transalp (mittel-schwer), Marathons bis 100 km
Marathon-fahrer	7-14 h pro Woche (450 h pro Jahr)	4-5 Langstrecken-MA, komplette Saison, gute Platzierung bei Transalp-Challenge (schwer)
Zum Vergleich: Bike-Profi	15-40 h pro Woche (>1000 h pro Jahr)	Leistungsorientiert, alle Belastungen, Worldcup, Langstrecken- und Etappenrennen mit Siegambitionen

Klassische Fehler vermeiden

Der Weg zu einer besseren Form verläuft gar nicht so verwinkelt, wenn man die nötigen Tipps beachtet. Hüten Sie sich vor den klassischen Fehlern:

- **Zu rascher Leistungsaufbau:** Gefahr von einseitigen Überlastungen, das Formhoch hält dann nicht lange an. Gedulden Sie sich!
- **Ziellosigkeit:** Unmotiviertes, ungeplantes Training führt eher zur Stagnation als zur Leistungsexplosion. Besser: zielstrebiges Arbeiten auf einen Höhepunkt hin, also auf Ihre Alpenüberquerung!
- **Zu intensive Belastungen:** Kommen Grundlagentraining und Regeneration zu kurz, legt der Körper den Rückwärtsgang ein. Grundlagentraining hat den höchsten Stellenwert!
- **Unwirksam gesetzte Reize:** Wer nur spazieren fährt, wird nicht schneller! Dynamisches Training mit Abwechslung macht schneller.
- **Kein Übereifer:** Nach Krankheit oder Verletzung braucht der Körper eine Warmlaufphase. Anpassungen brauchen ihre Zeit.

Basiswissen: Was läuft beim Biken im Körper ab?

Die komplexe Trainingswissenschaft, wie sie Radrennfahrer anwenden, verlangt fast nach einem Studium und gelingt meist erst nach jahrelanger Selbsterfahrung. Wir brechen die Trainingstheorie hier herunter auf die Anforderungen einer Alpenüberquerung.

Um zu begreifen, was beim Biken im Körper vorgeht, blicken wir tief ins Innere. Während physischer Leistung laufen im Körper diffizile Stoffwechselprozesse ab. Für die Bewegung der Muskeln benötigt der Organismus Energie, diese stammt hauptsächlich aus der Verbrennung von Zucker oder Fett in Verbindung mit Sauerstoff. Beim Radeln in der Ebene und bei lockerem Tempo (Grundlagenbereich) verbrennt der Körper mit dem eingeatmeten Sauerstoff vorwiegend gespeicherte Fette und nur in geringem Anteil Zucker (Kohlenhydrate). Für die Fettverbrennung wird zwar mehr Sauerstoff benötigt als für den Zuckerstoffwechsel, durch die geringe Intensität aber reicht die eingeatmete Menge Sauerstoff zur Versorgung der Muskulatur und zur Fettverbrennung aus. Diese Trainingsform bezeichnet man als aerob.

Je höher die Belastung wird, desto mehr Sauerstoff benötigen der Organismus und die Muskulatur, um die geforderte Leistung zu bringen (anaerobes Training). Man muss automatisch stärker atmen, jedoch auch das reicht zur Fettverbrennung nicht mehr aus. Die Folge: Als Energiequelle eignen sich nun nur noch die Kohlenhydrate, die zur Verstoffwechselung weniger Sauerstoff benötigen. Als Abfallprodukt des Kohlenhydratstoffwechsels bildet sich Milchsäure, das sogenannte Laktat. Je extremer die Belastung wird, desto mehr Laktat entsteht, die Beine brennen, die Muskeln streiken und zwingen einen dazu, langsamer zu fahren. Bei einer Alpenüberquerung sollte man das Tempo so wählen, dass möglichst wenig Laktat entsteht (2-3 mmol/l siehe Trainingsbereiche S. 78). Das geht aber nur, wenn man langsam genug fährt, oder gut genug trainiert ist.

Ziel des Trainings

Durch Training gerät der Organismus aus dem Gleichgewicht. Die Körpertemperatur, die Herzfrequenz, die Hormonausschüttung, die Atmung, die Sauerstoffaufnahme und viele andere Prozesse verändern sich durch wiederholte Betätigung. Der Organismus passt sich dieser Reizwirkung stetig an und benötigt nach einer bestimmten Gewöhnungszeit zum Beispiel für dieselbe Belastung weniger Herzschläge. Für Ihre Transalp bedeutet das: mehr Kilometer und Höhenmeter in der gleichen Zeit. Fehlt eine Reizsetzung, also das Training, so gehen die Anpassungen teilweise wieder zurück, Sie werden schwächer. Der Reiz macht dabei den großen Unterschied. Trainingsdauer und -intensität sollten prinzipiell immer wechseln, sonst wird man nicht besser!

Bei einer Alpenüberquerung ist der Weg das Ziel. Doch je fitter Sie sind, desto mehr können Sie den Weg genießen.

TIPPS für Einsteiger

- **Hintern schonen: Eine gute Bike-Short mit Polster (ohne Unterhose getragen!) und Gesäßcreme können wunde Stellen und Entzündungen auf der Sitzfläche verhindern.**
- **Sitzposition checken: Bevor Sie in die Saison starten, lassen Sie sich vom Fachhändler Ihre Sitzposition optimal einstellen. Besonders die Stellhebel für Sattelposition und Lenkerhöhe beeinflussen Komfort und Ergonomie und beugen Knie- oder Rückenproblemen vor!**
- **Essen und Trinken: Stecken Sie sich auf Touren immer eine Banane oder einen Müsliriegel ein und rechnen Sie pro Stunde Fahrt 0,5-1 Liter Getränk als Verbrauch ein.**
- **Eigenes Tempo: Suchen Sie sich passende Partner, die eine vergleichbare Leistung haben. So müssen Sie nicht überdrehen und gewöhnen sich gleich an die Alpenüberquerung – denn hier bestimmen auch nur Sie Ihr Tempo!**
- **Training mit Rucksack: Gewöhnen Sie sich rechtzeitig an den Rucksack. Fahren Sie hin und wieder eine längere Tour mit dem Rucksack, den Sie auch bei Ihrer Alpenüberquerung verwenden. Sie müssen ja nicht gleich die ganze Ausrüstung einpacken, aber die Umgewöhnung für Schultern, Rücken und auch beim Fahrstil (steile Passagen bergauf und bergab) benötigen etwas Zeit!**

Trainingsbereiche: Diese Trainingsbereiche sollten Sie kennen

Grundlagenausdauer 1 (G1)

Das Basistraining, Fundament Ihrer Alpenüberquerung

- **Ziel:** Ökonomisierung des Stoffwechsels, Verbesserung der Nutzung körpereigener Fette zur Energiegewinnung, Schaffung einer Grundlage für intensivere Trainingsformen und eventuell Reduzierung des Körpergewichtes.
- **Pulsbereich:** 60-75 % vom Maximalpuls (man kann sich locker unterhalten).
- **Trittfrequenz:** 80-100 U/min.
- **Laktat:** Nicht über 2 mmol/l (keine Übersäuerung der Muskeln).

Grundlagenausdauer 2 (G2)

Hier geht es schon etwas mehr zur Sache.

- **Ziel:** Weitere Ökonomisierung der Organsysteme durch intensivere Trainingsformen, Verbesserung der Fett- und Kohlenhydratverbrennung
- **Pulsbereich:** 75-85 % vom Maximalpuls (nur noch knappe Sätze möglich).
- **Trittfrequenz:** 80-110 U/min.
- **Laktat:** Bis 2-3 mmol/l, an Bergkuppen kurzzeitig bis zu 4 mmol/l (das brennt schon in den Beinen).

Kraftausdauer (K3, Kraft mit Rad/KmR)

Ohne Kraft erklimmt man keinen Berg.

- **Ziel:** Erhöhung des Kraftpotenzials über einen längeren Belastungszeitraum, um auch 1000 Höhenmeter-Anstiege zu schaffen.
- **Pulsbereich:** 70-85 % vom Maximalpuls (IAS) (hier muss man schon richtig schnaufen).
- **Trittfrequenz:** 40-80 U/min, dabei auf korrekten Tritt und ruhigen Oberkörper achten.
- **Laktat:** Bis 5 mmol/l (Beine brennen, hoher Widerstand und Wattleistung fordern Willensstärke).

Entwicklungsbereich (EB)

Das Salz in der Suppe. Für Cross-Country oder Marathonrennen unumgänglich, für Alpenüberquerungen im Training verzichtbar, obwohl man sich an sehr steilen Anstiegen schon mal in diesem Bereich bewegt.

Ziel: Erhöhung der Geschwindigkeit und der wettkampfspezifischen Ausdauer.

Pulsbereich : 85-95 % vom Maximalpuls (IAAS) (keine Unterhaltung mehr möglich).

- Trittfrequenz: 80-110 U/min.

Laktat: 3-6 mmol/l (jetzt tut's richtig weh).

INFO Das Lexikon zum Training mit wichtigen Fachbegriffen finden Sie ab S. 148!

Eine Trainingswoche in der Höhe, wie hier in Livigno, wäre die perfekte Vorbereitung auf große Ziele wie zum Beispiel die Transalp-Challenge. Fahrtechnik, Kraftausdauer und Höhenanpassung werden hier automatisch geschult.

Möglichkeiten zur Trainingssteuerung

Die in den Trainingsvorschlägen angegebenen Trainingsherzfrequenzen und Bereiche entsprechen allgemeinen Richtwerten, die individuell sehr unterschiedlich sein können. Wer es ganz genau wissen möchte, ermittelt seine persönlichen Werte mit einem Laktat-Test (auch Belastungs-EKG, Stufentest oder komplexe Leistungsdiagnostik, „KLD“ genannt) in einem Sportinstitut. Eine solche Untersuchung sollten Einsteiger und besonders ältere Sportler vor der Alpenüberquerung unbedingt machen. Eine solche Diagnostik erkennt Herzprobleme oder andere verborgene Schwächen, die beim Training und in den Bergen zum Gesundheitsrisiko werden könnten. Zusätzlich erhalten Sie Ihren Trainingszustand schwarz auf weiß und damit die klare Auskunft, wie Ihre Chancen stehen, die Alpen zu überqueren. Diese Werte erleichtern die Trainingsoptimierung! Fürs „Über den Daumen“-Training kann man seinen theoretischen Maximalpuls auch errechnen: Maximalpuls = 220-Lebensalter. Zweite Methode: 210 abzüglich halbes Alter – (0,11 x Gewicht) + 4. Aus diesem Wert leitet man die Trainingsbereiche ab, z. B. Grundlagentraining 1 (G1): 65-75 % des Max.-Puls. Ob man sich in dieser Region befindet, prüft man leicht: Im „grünen" G1-Bereich fährt man immer dann, wenn die Luft noch für eine Unterhaltung ausreicht. Den „roten“ Bereich registriert man automatisch an den Schmerzen. Zur Trainingssteuerung verwendet man unbedingt einen Pulsmesser, außerdem gehört ein Tachometer zur Trainingskontrolle an jedes Bike. Langsam fahren muss man lernen: Besonders

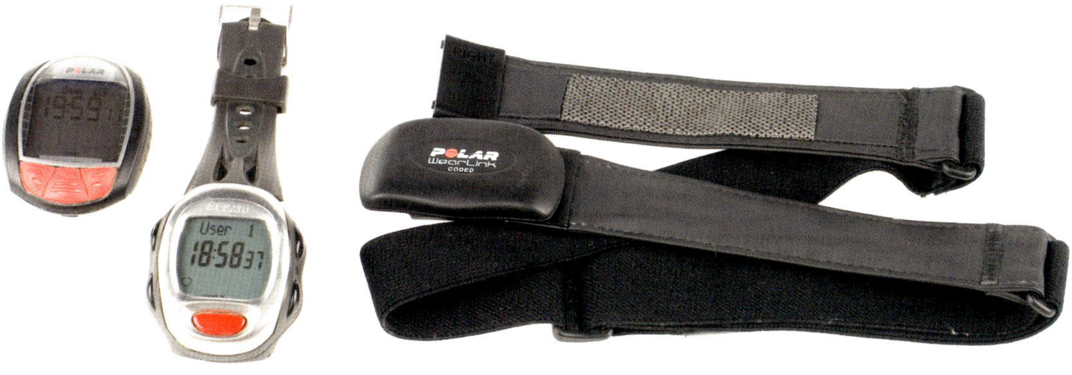

Einsteiger verschätzen sich bei der Temposteuerung und trainieren zu intensiv. Damit geht der erwünschte Effekt etwa eines Grundlagentrainings aber verloren. Das zweitwichtigste Hilfsmittel bei der Planung und Kontrolle ist das Trainingstagebuch. Egal in welche Leistungsgruppe Sie sich einstufen, die Dokumentation Ihrer Touren macht auf jeden Fall Sinn. Wenn Sie Ihre Fahrzeit und Kilometer, den Durchschnittspuls oder gar die Höhenmeter täglich im Kalender notieren, erhalten Sie einen guten Überblick über Ihre Belastungen. Ruhepuls und Körpergewicht (jeweils morgens gemessen) gehören auch hinein. So können Sie die Regeneration steuern und haben langfristig einen Überblick über das absolvierte Training und Ihren Fortschritt, das motiviert enorm!

TIPPS zum Bike-Training. Die wichtigsten Grundregeln:

- Stellen Sie einen Wochen-Zeitplan auf, wie häufig und wie lange Sie realistisch trainieren können. Danach planen Sie die Umfänge – oder Sie halten sich strikt an unsere Trainings-Vorschläge ab S. 84.
- Trainieren Sie lieber nach realistischen Vorgaben, die Sie auch einhalten können, als hoch gesteckte Ziele nicht zu erreichen.
- Kontinuierlich trainieren, kleine Steigerungen integrieren.
- Blocktraining einhalten: Auf drei Trainingstage folgt ein Ruhetag, auf drei Trainingswochen folgt eine Ruhewoche. Regenerationszeiten einhalten. Das gilt besonders für alle, die Stress im Job haben!
- Ernährung beachten (siehe S. 82).
- Auf den Körper hören: Pulsbereiche kennen und Körpergefühl entwickeln. Mut zur Pause. Lieber mal eine Einheit auslassen. Bei Krankheit kein Sport!

PROFITIPP

★

Zwei Einheiten am Tag, und wenn sie auch nur je eine halbe Stunde lang sind, eignen sich zum Einstieg ins Transalp-Training optimal! Morgens eine halbe Stunde Laufen, abends eine Stunde Biken, und das dreimal die Woche, beschleunigt den Formanstieg ungemein! Der Körper wird zur schnellen Regeneration gezwungen, der Kalorienumsatz steigt, Abnehmen geht fast automatisch!

Fitnesscheck: Komplexe Leistungsdiagnostik (KLD)

Es gibt zwei Arten der Diagnostik. Die reine Leistungsergometrie auf dem Ergometer (die preiswertere Lösung, zwischen 75 und 120 Euro) und die Spiroergometrie (zwischen 120 und 230 Euro). Die Spiroergometrie erweitert die Leistungsmessung um eine Atemgasanalyse (Spirometrie). Dazu atmet man während der Belastung durch eine Atemmaske und erhält exakte Daten über die Sauerstoffaufnahme und auch die Atemmechanik. Fragen wie: „Atme ich tief genug ein und aus?“ und „Wie viel Luft kann ich überhaupt aufnehmen?“ werden beantwortet. Die Sauerstoffaufnahme ist der limitierende Faktor bei der Leistungsfähigkeit. Über sie lässt sich genau der Bereich finden, in dem der Fettstoffwechsel optimal trainiert wird.

Umfang des Tests

Folgende Inhalte soll die KLD beinhalten:

1. Ausschluss gesundheitlicher Risikofaktoren
2. Bestimmung der aktuellen Belastbarkeit
3. Bestimmung der aktuellen Leistungsfähigkeit
4. Festlegung der individuellen Schwellen
5. Festlegung der einzelnen Trainingsbereiche

Eine Stunde Biken verbraucht nur 600 bis 800 Kalorien! Ein großes Stück Sahnetorte mit Milchkaffee – und man hat die Kalorien wieder drin. Abnehmen? Klappt so nicht! Ein vitaminreicher Obstsalat eignet sich besser …

Ernährungstuning: Weg mit dem Speck – jetzt!

Eine Alpenüberquerung ist ein ständiges Spiel mit der Erdanziehungskraft. Jedes Kilo zu viel wirkt sich bergauf besonders erschwerend aus. Das gilt fürs Bike, für die Ausrüstung auf dem Rücken und auch für das eigene Körpergewicht. Wir möchten hier niemanden zu einer Diät überreden, aber begleitend zu Ihrem Trainingsprogramm könnten Sie durchaus auch Ihre Ernährung überdenken und optimieren.

Der Ernährungsplan der Deutschen setzt sich durchschnittlich zu 45 Prozent aus Fett, zu 15 Prozent aus Eiweiß und zu 40 Prozent aus Kohlenhydraten zusammen. Die ideale Sportlernahrung besteht jedoch zu fast 60 Prozent aus komplexen Kohlenhydraten und nur zu 25 Prozent aus Fett. Damit schieben Sie der Fetteinlagerung den ersten Riegel vor. Muss man jetzt ein anderer Mensch werden? Natürlich nicht. Wer ein wenig auf seinen Speiseplan achtet, sollte keine Probleme mit der Umstellung haben.

Auf der Einkaufsliste stehen zukünftig: Vollkornprodukte, Müsli, Nudeln, Reis, Kartoffeln, Gemüse, Obst, Fisch, mageres Fleisch. Meiden Sie einfache Kohlenhydrate in Form von Weißmehl oder Zucker und fettes Fleisch. Salami kann man sich im Prinzip direkt scheibchenweise auf den Bauch legen. Sie hat einen höheren Fettanteil als Schlagsahne. Auch die halbe Tafel Schokolade am Nachmittag, das Stück Kuchen oder die Tüte Chips zum Spätfilm tragen richtig auf.

Eine sportlergerechte fettarme Ernährung kann aber trotzdem lecker und sättigend sein: Ein Vollkornbrot mit Putenaufschnitt, Müsli mit frischen Früchten, mittags Nudelgerichte und Salat, Reispfanne oder Fisch mit Kartoffeln – es gibt viele Möglichkeiten.

Mit Ihrer neuen Einkaufsliste haben Sie die Basis zum Abnehmen gelegt. Jetzt geht es den Fettpolstern aktiv an den Kragen. Um abzunehmen, muss man seinen Fettstoffwechsel verbessern. Doch der liegt bei den meisten Menschen brach, weil er nicht trainiert wird. Der tägliche Kalorienbedarf (Grundumsatz) wird mehr als gedeckt, die Speicher werden nicht angegriffen. Denn Fett wird erst nach längerer Belastung und/oder längeren Essenspausen abgebaut. Das Fett-weg-Programm beginnt mit der Reduktionsphase. Diese dauert rund sechs Wochen. Wer hier konsequent bei der Stange bleibt, optimiert seinen Fettstoffwechsel so, dass er ordentlich abspeckt und auch in Zukunft mehr Fett verbrennt. Durch das Training steigt die Muskelmasse (aktive Körpermasse), und damit der Kalorien-Grundumsatz, die gleiche Gewichtseinheit Muskulatur hat im Vergleich zu Fett einen 25-mal höheren Stoffwechsel, dadurch nehmen Sie automatisch weiter ab! Bei Trainingsanfängern kann am Anfang aber das Gewicht kurzzeitig nach oben gehen, da man zuerst Muskeln aufbaut und erst später die Fettpolster schmelzen. Muskeln sind schwerer als Fett!

Das Training besteht in der Abnehm-Phase nur aus langen, aber wenig intensiven Einheiten (G1-Bereich). Nach etwa einer Stunde greift der Körper immer stärker auf die Fettverbrennung zurück. Bei manchen langsamer, bei manchen schneller – je nach Gewöhnung an den Fettstoffwechsel.

TIPPS **Leicht realisierbare Tipps zum Abnehmen:**

- Sparen Sie pro Tag 500-800 Kalorien ein, am besten an Fettkalorien. Tipp: Einmal pro Woche auf das Abendessen verzichten.
- Essen Sie nur drei Mahlzeiten am Tag.
- Klare Brühe oder ein Glas warmes Wasser vor dem Essen füllt den Magen und reduziert den Appetit.
- Vermeiden Sie Zwischenmahlzeiten. Die alte Regel: „Viele kleine Mahlzeiten über den Tag verteilt essen“ gilt nicht mehr. Damit verbrennen Sie immer nur die zugeführten Kalorien, schalten aber nicht auf Fettverbrennung um.
- Zwei der drei Mahlzeiten sollten aus komplexen Kohlenhydraten, also Kartoffeln, Reis, Nudeln oder Vollkornprodukten bestehen.
- Nach dem Training kohlenhydratreich essen.

- Achten Sie auf ausreichende Vitamin- und Mineralversorgung.
- Trinken Sie auch im Winter zwei bis drei Liter (Wasser) am Tag.
- Eine halbe Stunde Joggen am Morgen auf nüchternen Magen kurbelt die Fettverbrennung an. Zwei Trainingseinheiten sind ebenso sehr wirksam!
- Greifen Sie aus Lust auf Süßes zu Obst statt Süßigkeiten.
- Essen Sie während des Trainings möglichst keine energiereichen Riegel, vermeiden Sie kohlenhydratreiche Getränke.
- Absolvieren Sie mindestens einmal pro Woche lockeres Grundlagentraining über zwei Stunden, ruhiges Tempo, optimal zum Plausch mit Kollegen.
- Ausdauertraining gegen Abend verringert den Appetit. So kann man sich üppiges Abendessen sparen und gleich ins Bett gehen.
- Koffein unterstützt die Fettverbrennung. Morgens vor dem Training Kaffee trinken.

PROFITIPP

Wenn Sie im Alltag abspecken wollen, lässt sich die „drei Mahlzeiten"-Regel schwer einhalten. Da das Training sich normalerweise erst am Abend anschließt und die Mittagspause schon länger her ist, sollten Sie sich einen Snack mit zur Arbeit nehmen, den Sie rund eine Stunde vor Trainingsbeginn essen. Ideal sind Vollkornbrot, Apfel, Banane, Joghurt mit Früchten. Nach dem Training sollten Sie etwas Kleineres, aber Kohlenhydratreiches essen.

In der Ebene stört Übergewicht nicht. Am Berg schon!

Die Trainingsplanung für Ihre Alpenüberquerung

Trainingspläne einzuhalten fällt schwer, wenn man berufstätig ist. Aber ein fester Trainingsplan kann auch motivieren und zur Disziplin anspornen. WIr haben hier drei Varianten ausgearbeitet, die Sie Ihrem Ziel näher bringen. Sie müssen nur selbst entscheiden, wie zeitig Sie mit dem Training beginnen. Zwölf Wochen vorher wären ideal, acht Wochen ausreichend, für eine spontane Entscheidung steht der Vier-Wochen-Plan parat.

Zwölf-Wochen-Trainingsplan für Freizeitbiker

Woche	Trainingsart	Montag	Dienstag	Mittwoch	Donnerstag	Freitag	Samstag	Sonntag
1	Grundlagen	frei	30 min. Laufen	1h G1	frei	45 min. Laufen	2 h G1	2 h G1
2	Grundlagen	frei	45 min. Laufen	1,5 h G1	frei	45 min. Laufen	2 h G1	3h G1
3	Grundlagen	frei	45 min. Laufen	2 h G1	1 h Laufen	frei	2-3 h G1	2-3 h G1
4	Ruhewoche	frei	frei	1 h KB	frei	45 min. Laufen	2 h G1	frei
5	Grundlagen	frei	45 min. Laufen	2 h G1	2 h G1	frei	2-3 h Biketour (500-800 hm)	2-3 h Biketour (500-800 hm)
6	Grundlagen	frei	45 min. Laufen	2 h G1	2 h G1 mit Berg-Intervallen (G2)	frei	2-3 h Biketour (1000 hm)	2-3 h G1 locker
7	Kraftausdauer	frei	1,5 h mit Berg-Intervallen (G2)	1,5 h mit Berg-Intervallen (G2)	frei	1,5 h mit Berg-Intervallen (G2)	2 h G1 locker oder 1 h Laufen	frei
8	Ruhewoche	1 h KB	frei	1 h KB	2 h G1	frei	frei	2 h G1/G2
9	Kraftausdauer	frei	1,5 h mit Berg-Intervallen (G2)	1,5 h mit Berg-Intervallen (G2)	frei	30 min. Laufen	1,5 h mit Berg-Intervallen (G2)	3-4 h Biketour (1500 hm)
10	Kraftausdauer	frei	1,5 h mit Berg-Intervallen (G2)	1,5 h mit Berg-Intervallen (G2)	frei	30 min. Laufen	1,5 h mit Berg-Intervallen (G2)	3-4 h Biketour (1500 hm)
11	Grundlagen	frei	1,5 h G2	2 h G1	frei	30 min. Laufen	1,5 h mit Berg-Intervallen (G2)	Biketour (1500 hm)
12	Vorbereitung	frei	frei	1,5 h G1	2 h G1	frei	Start zur Alpenüberquerung!	2. Etappe

Acht-Wochen-Plan für Tourenbiker

Woche	Trainingsart	Montag	Dienstag	Mittwoch	Donnerstag	Freitag	Samstag	Sonntag
1	Grundlagen	30 min. Laufen	1,5 h G1	1,5 h G1	2 h G1	frei	2 h G1	2-3 h G1
2	Grundlagen	frei	30 min. Laufen	1,5 h G1	2 h G1	frei	2-3 h G1	2-3 h G1
3	Grundlagen	frei	45 min. Laufen	2-3 h G1	2-3 h G1	frei	2-3 h Biketour (500-800 hm)	2-3 h Biketour (1000 hm)
4	Ruhewoche	1 h KB	frei	1 h KB	1-2 h G1	30 min. Laufen	2 h G1	2-3 h Biketour (500-800 hm)
5	Grundlagen	30 min. Laufen	1-2 h G1	2 h G1	2 h G1	frei	2-3 h Biketour (1000 hm)	3-4 h Biketour (1500 hm)
6	Kraftausdauer	frei	1,5 h mit Berg-Intervallen (G2)	1,5 h mit Berg-Intervallen (G2)	frei	2,5 h G1	1,5 h mit Berg-Intervallen (G2)	3-4 h Biketour (1500 hm)
7	Grundlagen	frei	1,5 h G2	2 h G1	frei	30 min. Laufen	3,5 h G1 ruhig	3-4 h Biketour (1500 hm)
8	Vorbereitung	frei	frei	1,5 h G1	2 h G1	frei	Start 1. Etappe	2. Etappe

Vier-Wochen-Notfallplan für Kurzentschlossene

Woche	Trainingsart	Montag	Dienstag	Mittwoch	Donnerstag	Freitag	Samstag	Sonntag
1	Grundlagen	frei	45 min. Laufen	1,5 h G1	2 h G1	frei	45 min. Laufen + 1 h Biken	3 h Biketour
2	Grundlagen	frei	45 min. Laufen	1,5 h G1	2 h G1	frei	2,5 h Biketour (1000 hm)	3 h Biketour (1000 hm)
3	Grundlagen/ Bergtraining	frei	1,5 h mit 30 min. bergauf	2 h G1/G2	frei, evtl. 45 min. Laufen	1,5h mit 5x5min. bergauf	2 h (800 hm)	3-4 h flach
4	Ruhewoche	frei	1,5 h KB	2 h G1	frei	frei	Start 1. Etappe	2. Etappe

Bei der Dauer kann man variieren (+/- 30-60 min), aber nicht bei der Abfolge der Einheiten! Fortgeschrittene Tourenbiker addieren zu den Radeinheiten jeweils 30 Minuten, zum Laufen jeweils 15 Minuten. Gut trainierte Marathonfahrer addieren bis zu einer Stunde zu den Rad-Einheiten hinzu. Einsteiger bereiten sich am besten über zwölf Wochen vor!

Ein Frühjahrs-Trainingslager – die beste Basis für große Ziele im Sommer

Jedes Frühjahr jetten Rennradprofis in den warmen Süden, um ihre Saisonvorbereitung zu absolvieren. Bike-Rennfahrer und Marathonbiker haben sich diese Praxis auch schon längst angeeignet, und auch für Ihre Alpenüberquerung macht eine kompakte Bike-Woche im Süden Sinn. Egal ob auf Sizilien, Kreta oder den Kanaren, ein paar Tage Training am Stück erleichtern Ihnen den Einstieg in die Tourensaison und legen das Fundament für eine sportliche Saison. Mallorca hat sich als Revier für Rennrad-Training bestens bewährt und kann man auch Bikern zum Straßentraining empfehlen. Rüsten Sie Ihr Bike mit schmalen Slicks aus, falls Sie kein Rennrad besitzen. Training mit dem Rennrad auf der Straße hat den Vorteil, dass Sie die Belastungsintensität genauer steuern können als im Gelände. Viele Sportler lieben außerdem das Tempogefühl und die Position auf dem Rennrad.

Trainingsvorschlag für eine Woche

1. Tag: Anreise, lockeres Einrollen 2-3 h
2. Tag: morgens 2 h, mittags 2 h locker
3. Tag: 4-5 h flach
4. Tag: Ruhetag oder 1 h locker
5. Tag: 5 h leicht bergig
6. Tag: 5-6 h flach
7. Tag: 6 h
8. Tag: Abreise, evtl. noch 2 h locker rollen

Trainingsvorschlag für zwei Wochen

1. Tag: Anreise, lockeres Einrollen 2-3 h
2. Tag: morgens 2 h, mittags 2 h locker
3. Tag: morgens 3 h, mittags 2 h locker
4. Tag: Ruhetag (1-2 h locker rollen)
5. Tag: 4,5 h flach
6. Tag: morgens 3 h bergig, mittags 2 h flach
7. Tag: 5,5 h flach
8. Tag: Ruhetag, 1 h locker rollen
9. Tag: 5 h bergig
10. Tag: 6 h wellig
11. Tag: Ruhetag, 1 h locker rollen
12. Tag: 5-6 h bergig
13. Tag: 7 h große Runde
14. Tag: 5 h locker
15. Tag: Abreise, evtl. noch 2-3 h rollen

TIPPS zum Trainingslager

- **Je nach Trainingszustand können Sie die Fahrzeiten um plus/minus eine Stunde variieren. Der Rhythmus (Abfolge der Einheiten) sollte aber gleich bleiben!**
- **Zwei Trainingseinheiten: Wenn das Wetter schlecht ist, kann man das Training in zwei Einheiten teilen: morgens drei Stunden, nachmittags zwei Stunden. Das kostet zwar mehr Überwindung, spricht bei vielen Fahrern aber gut an. Zweck: Der Körper muss lernen, schneller zu regenerieren, und man kann die Einheiten etwas flotter fahren. Außerdem gewöhnt man sich so langsam an die längeren Belastungen. Für Einsteiger hat die Methode „von null auf eine sechs Stunden-Tour“ keinen Sinn.**

Kräftige Muskeln kommen nicht von alleine, sie muss man speziell trainieren. Zum Beispiel mit Kraft-Intervallen auf der Rolle im Winter und langen Bergtouren im Frühjahr.

Die Alpen können kommen: Jetzt gibt's Kraft in die Beine

Wenn Ihr Grundlagenfundament nach einigen Wochen stabil ist, fehlt nur noch die Kraftausdauer, und die Alpen können kommen! Im Gegensatz zum GA-Training verschlingt das Kraftausdauertraining nicht so viel Zeit, es wirkt recht schnell und macht mehr Spaß – strengt aber auch mehr an!

Suchen Sie sich dafür einen etwa fünf Minuten langen, mäßig steilen Anstieg. Nach einem Warmfahren von mindestens 20 Minuten folgen 4-6 x 5 Minuten Belastung bergauf (Puls bis zur anaeroben Schwelle), Trittfrequenz 40-65, dazwischen erholen Sie sich jeweils 5-8 Minuten aktiv im G1-Bereich.

Später steigern Sie das auf 4 x 10 Minuten (2 x 30 Minuten) mit je 10 Minuten aktiver Erholung. Dieses Programm lässt sich bei schlechtem Wetter auch auf der Rolle (Ergometer) mit großem Widerstand abfahren.

Wenn Sie ein paar Tage in den Bergen biken, zum Beispiel am Gardasee, eignet sich jede lange Tour ideal zum Bergtraining. Auf den langen Anstiegen fordern Sie automatisch die Kraftausdauer Ihrer Muskulatur. Wenn Sie sich gut fühlen, können Sie auch mal einen schweren Gang einlegen und im Wiegetritt powern.

Kraftorientiertes Wochenprogramm:

Montag	frei
Dienstag	2 h mit 4-6 x 5 min. Kraft-Intervalle (Pause je 5 min. im G1-Puls)
Mittwoch	2 h G1-Bereich, hohe Trittfrequenz (90-110 U/min)
Donnerstag	2 h mit 3 x 10 min. Kraft-Wiederholungen (Pause je 20 min. im G1-Puls)
Freitag	frei
Samstag	2-3 h Bike-Tour, ca. 1000 Höhenmeter, bergauf nach Lust und Laune mit schwerem Gang
Sonntag	2-3 h lockere Tour oder Trainings-Marathon (möglichst nicht über die aerobe Schwelle gehen)

Regeneration: Kraft durch Pause

Training und Regeneration gehören zusammen wie Vorbau und Lenker. Denn ohne ausreichende Regeneration bleibt der gewünschte Trainingseffekt aus. Man verbessert sich nur, wenn man effektiv trainiert und seinem Körper die Chance gibt, das Training umzusetzen und sich davon zu erholen. Stress, zu wenig Schlaf und ein unregelmäßiges Sportprogramm schwächen nicht nur das Immunsystem, auch die Hormonproduktion und die notwendigen Anpassungsvorgänge der Muskulatur und des Stoffwechsels laufen nicht optimal ab. Um sich richtig zu erholen, gibt es verschiedene Möglichkeiten; die Kombination verschiedener Methoden bringt den größten Erfolg.

- Stretching: Mit den klassischen Basis-Übungen für Waden, Oberschenkel, Arme und Rücken dehnen Sie die Müdigkeit aus den Muskeln.
- Schlaf: Acht bis neun Stunden Schlaf sollte man haben.
- Sauna: Eine Sitzung pro Woche entspannt und stärkt das Immunsystem (ideal am Ruhetag, nicht nach intensivem Training).
- Massage: Erhalten nur Profis regelmäßig. Aber

Zu einer Leistungssteigerung gehört nicht nur das Training, sondern auch die Erholung. Eine gute Regenerationsfähigkeit ermöglicht es erst, über mehrere Tage eine konstante Leistung zu bringen. Eine Hüttenrast zum richtigen Zeitpunkt ist erlaubt!

mithilfe von durchblutungsfördernden Massageölen kann man sich auch selbst die Beine etwas lockern.

- Beine hochlegen: vor dem Schlafengehen oder zwischen Trainingseinheiten sehr sinnvoll, schnellerer Abtransport der Stoffwechselschlacken. Legen Sie sich auf den Rücken, die Beine für 20 Sekunden hoch an die Wand, danach wieder aufstehen. Mehrmals im Wechsel, danach ins Bett.
- Wechselduschen: Der Wechsel von warmem Wasser (eine Minute) zu kaltem Wasser (20 Sekunden) auf die Beine fördert die Durchblutung und damit den Schlacke-Abtransport. Mit einem kalten Gang beenden.
- Ernährung: Die richtige Menge an Kohlenhydraten und Flüssigkeit ist das beste legale Doping. Faustregel: In den ersten zwei Stunden nach einer schweren Tour, Transalp-Etappe oder Marathon, sollte man 100 g Kohlenhydrate aufnehmen (entspricht einem großen Teller Spaghetti Bolognese oder zwei Energy-Riegeln). Ein kleiner süßer Snack nach dem Training stabilisiert das Immunsystem und kann vor Erkältungen schützen.

Die Beine baumeln lassen: Mut zur Pause, wenn Sie gestresst sind oder partout keine Zeit für Sport haben!

Faustregeln zum Training

- **Wenig Zeit sinnvoll nutzen.** Unter der Woche, wenn man nur wenig Zeit hat, bikt man lieber intensiv, das heißt knapp eine Stunde mit relativ hoher Belastung (G2-Bereich oder mit Intervallen). Am Wochenende ist dann Zeit für die Halbtagestour mit geringer Intensität, ideal für die Stabilisierung der Grundlagenausdauer.

- **Blocktraining.** Am sinnvollsten trainiert man an zwei, maximal drei Tagen in Folge (Dreier-Block) und schaltet danach einen Ruhetag. Wenn man seinen Körper über Folgetage belastet und dann regenerieren lässt, hat das einen weitaus besseren Effekt als ein Rhythmus aus Training, Pause, Training, Pause... Das gleiche Schema gilt für die Wochenplanung: Auf drei Wochen Trainingsprogramm folgt eine lockere Woche.

- **Temposteuerung.** Lange Grundlagen-Einheiten lieber langsamer als zu schnell fahren. Lassen Sie sich nicht von Kollegen aufhetzen, sondern achten Sie auf Ihren Puls. So können Sie sich gleich an die Alpenüberquerung gewöhnen: Nur Ihr eigenes Tempo zählt! Pulsuhr und Kilometerzähler gehören deshalb immer ans Bike.

- **Gesundheit.** Mit einer Erkältung ruhen Sie sich besser aus. Training bringt dann nichts. Lieber an der frischen Luft spazieren gehen. Immer warm genug kleiden, Mütze auf- oder Sturmhaube unter den Helm ziehen.

Training: Fragen und Antworten

- **Wie kann ich mich zum Training motivieren?** Bike-Training steht für Spaß an der Bewegung und nicht für Frust. Dazu ist es wichtig, immer ein Ziel vor Augen zu haben. Mit Blick auf den Alpentrip sollten Sie wissen, wofür Sie sich schinden. Wenn mal gar nichts geht, so ist das kein Beinbruch. Ein Tag Ruhe kann Wunder bewirken. Unterwegs in den Alpen können Sie sich Zwischenziele setzen (die nächste Kurve, der nächste Berg ...), um ans Ziel zu kommen. Die Motivation beginnt lange vor der Tour. Machen Sie sich am Vorabend noch einmal deutlich, dass Sie ankommen und auch die nächsten Etappen schaffen wollen. Gehen Sie mit diesen Gedanken ins Bett. Freuen Sie sich auf das, was kommt.

- **Was darf ich beim Training essen?** Bei Trainingsfahrten über eineinhalb Stunden sollten Sie immer etwas zum Trinken und Essen dabei haben. Alle 20 bis 30 Minuten einen Schluck aus der Flasche, mit dem Essen beginnen Sie spätestens nach einer Stunde (es sei denn, Sie wollen abnehmen). Durch regelmäßige kleine Portionen stellen sich Hunger und Durst gar nicht erst ein. Das belastet den Magen auch weniger. Trinken: leicht isotonische Getränke, Apfelsaftschorle, Wasser mit einer Prise Salz. Essen: Banane, Käsebrot oder Energieriegel.

- **Muss ich auch bei Kälte trinken?** Bei kalten Temperaturen ist die Luft trocken und der Biker verliert beim Atmen über die Lunge sehr viel Flüssigkeit, die wieder nachgefüllt werden muss. Jetzt sollten Sie jedoch keine durch den Fahrtwind am Bike eisgekühlten Getränke einnehmen. Die können zu einer Magenverstimmung und schlimmstenfalls zu einer Magen-Darmgrippe führen. Isolierte Radflaschen oder Trinkrucksäcke helfen dagegen.

- **Wann sollte ich dehnen?** Über Sinn und Unsinn vom Stretching wird derzeit diskutiert. Aber wer regelmäßig trainiert, sollte sich auch regelmäßig dehnen, da die Muskeln durch das Training zur Verkürzung neigen. Deshalb: Nach einer lockeren Erwärmung von etwa fünf Minuten reichen etwa fünf bis zehn Minuten Stretching vor dem Training und etwa fünf Minuten lockeres Dehnen nach dem Training aus.

- **Hilft Dehnen gegen Muskelkater?** Nein! Bei heftigem Muskelkater (z. B. nach Jogging) kann ein zu kräftiges Dehnen die Erholungszeit verlängern. Wenn die Muskeln also angegriffen sind, tragen warme Bäder oder durchblutungsfördernde Salben besser zur Regeneration bei.

- **Welche Trittfrequenz soll ich fahren?** Beim Grundlagentraining sollte man lieber einen kleinen Gang fahren und etwas schneller kurbeln (ca. 80-90 U/min). Fürs Straßentraining gilt: 100 U/min. Ein zu dicker Gang (unter ca. 60-70 U/min) behindert die kontinuierliche Blutzirkulation und somit den Abtransport von Stoffwechsel-Endprodukten. Diese ganz schweren Übersetzungen tritt man nur bei speziellem Kraftausdauertraining.

- **Ich arbeite zehn Stunden am Tag. Wie kann ich da noch sinnvoll trainieren, ohne mich zu überlasten?** Bei so viel Arbeit sollte der Sport nicht zusätzlich Stress aufbauen (psychische Belastungen nicht unterschätzen, sie wirken sich leistungsmindernd aus), sondern sollte helfen, die Stresshormone zu reduzieren. Dazu eignen sich lockere, aerobe Einheiten (G1) am besten. Die intensiveren Trainingstouren (Kraft, Intervalle) schieben Sie besser auf das stressfreie Wochenende.

- **Wie erhole ich mich nach dem Training am schnellsten?** Leichte Lockerungsmassagen, kurze Saunagänge, durchblutungsfördernde Salben und Öle sind die einfachsten unterstützenden Maßnahmen. Auch die aktive Erholung nicht vergessen: Abends zehn bis 15 Minuten locker um die Häuser radeln fördert die Rege-

Über Sinn und Unsinn von Stretching wurde in der Trainingslehre viel diskutiert. Korrekt ausgeführt, ist es nie verkehrt.

Gewöhnen Sie sich im Training einen festen Trinkrhythmus an. Ganz nach dem Motto: Man verdurstet schneller, als man verhungert!

neration zusätzlich. Auch Muskelstimulationsgeräte können den Erholungsprozess der Muskulatur unterstützen.

- **Wie kann ich auch im Mittelgebirge oder Flachland die langen Anstiege trainieren?** Wiederholungstraining heißt das Stichwort: Suchen Sie sich den längsten Berg, den Sie in der Umgebung finden können. Ein Anstieg von 5-10 Minuten Dauer genügt. Fahren Sie diesen mit schwerem Gang bergauf (siehe Krafttraining S. 87). 3-8 Wiederholungen genügen. Idealerweise lernen Sie Anstiege von 800-1000 Höhenmetern schon mal vor der Alpenüberquerung kennen, beispielsweise auf einem verlängerten Wochenende im Schwarzwald oder in Bayern.

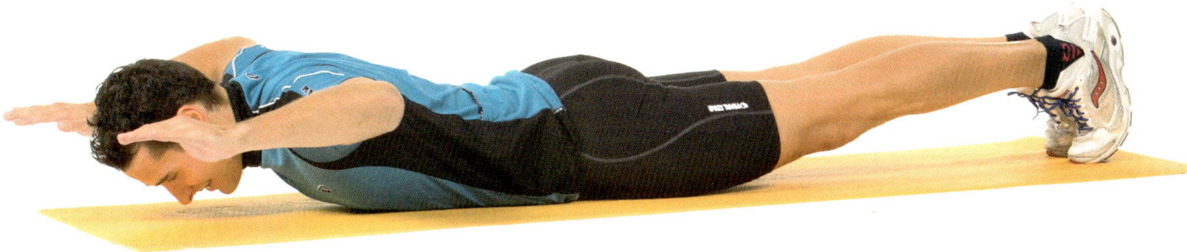

Krafttraining für Rumpf und Oberkörper

Der Alltag im Bürostuhl bereitet Ihren Körper nicht gerade optimal vor auf das, was Sie auf einer Transalp erwartet. Auch mit dem Training auf dem Bike ist es nicht getan. Die Anstrengungen eines 1000 Höhenmeter-Anstiegs mit dem Acht-Kilo-Rucksack auf dem Rücken lässt sich daheim nicht simulieren; noch weniger eine halbstündige Tragepassage auf einem felsdurchsetzten Pfad, wenn die Arme schwer werden und die Schultern schlapp machen.

Nicht nur Ihre Beine wollen auf den Trip vorbereitet werden, sondern auch Rücken, Oberkörper und Arme. Deshalb sollten Sie als Vorbereitung auf die Alpenüberquerung wenigstens einmal die Woche an Ihrer Rumpfmuskulatur arbeiten und damit Verspannungen aus dem Weg gehen.

Krafttraining kann man mittels dem körpereigenem Gewicht, elastischen Bändern, mit Hanteln oder an Geräten durchführen, wobei das Theraband-Training wenig Effekt bringt und Hanteltraining wegen des ungeführten Bewegungsablaufes für Anfänger ungeeignet ist.

Man baut keine Muskeln auf, wenn man Diät hält. Intensives Krafttraining erfordert also auch eine erhöhte Nahrungsaufnahme, sonst ist das Training umsonst. Ebenso wirkungslos bleibt der Workout, wenn mit wenig Gewicht und hoher Wiederholungszahl gearbeitet wird. Der Muskel wächst nur, wenn er mit einem Reiz, also einem entsprechend schweren Gewicht belastet wird. Für Biker ist dies jedoch eine Gratwanderung, denn schwere Muskelpakete braucht man für den Ausdauersport nicht. Es empfehlen sich 15 Wiederholungen pro Gerät, davon absolviert man zwei bis drei Serien. Die Regel zur Trainingshäufigkeit lautet: Einmal Training pro Woche erhält die bestehende Kraft. Zweimal verbessert die Kraft und dreimal Krafttraining ist aus Sicht eines Ausdauersportlers eher unnötig, weil dadurch die wertvolle Zeit fürs Ausdauertraining verloren geht. Am Rande: Frauen bekommen übrigens vom Krafttraining nicht unbedingt große Muskeln (was viele befürchten), sondern straffere, definierte Körperpartien.

Übungen im Fitness-Studio

Folgende Übungen könnten Sie nach dem Aufwärmen und nach Anleitung durch einen Instruktor im Studio durchführen:

- **Bankdrücken:** Trainiert Trizeps, Deltamuskel, Brustmuskulatur
- **Rückenstrecker:** Trainiert die lange, gerade Rückenmuskulatur
- **Lat-Ziehen:** Trainiert den Schultergürtel, Bizeps, Trapezmuskel, Deltamuskel
- **Beincurls:** Trainiert Oberschenkelbeuger
- **Crunches:** Trainiert Bauchmuskulatur (je nach Ausführung auch die schräge)
- **Beinpresse:** Trainiert Beinmuskulatur, Gesäßmuskulatur

Alternative zum Fitness-Studio: Krafttraining im Wohnzimmer

Liegestütz: Im Kniestand (Fortgeschrittene mit gestreckten Beinen wie im Bild), Arme schulterbreit. Langsam absenken, beim Hochdrücken die Arme nicht ganz durchstrecken. Rücken gerade halten!

Bauchmuskulatur: Beine anwinkeln, Fersen aufstellen oder auf einen Hocker ablegen. Bauchmuskeln anspannen, Oberkörper anheben und langsam aufrollen. Variante: Arme an den Beinen vorbeiführen.

Seitliche Bauchmuskeln: Seitenlage, Unterarm unter Körper aufstützen. Becken nach oben bewegen. Halten.

Rückenmuskulatur: In Bauchlage den Oberkörper anheben, Rücken- und Gesäßmuskulatur anspannen. Die Arme abwechselnd strecken und anwinkeln. Ablegen.

Variation: Oberkörper ablegen, gestreckte Beine im Wechsel anheben, kurz halten und wieder ablegen.

Fahrtechnik für die Alpen

Wenn Sie noch nie in den Alpen gebikt sind, stellt Sie das womöglich vor völlig neue fahrtechnische Herausforderungen. Überlegen Sie, ob sich für Sie ein Fahrtechniktraining lohnt. Auch ein Fahrtechnik-Video oder -Buch vermitteln einen Eindruck. Auf den folgenden Bildern wollen wir Ihnen kurze Anleitungen für Standard-Situationen geben.

Enge Serpentinen: eine Zitterpartie, zu der Sie Feingefühl benötigen. Raus aus dem Sattel, Gewicht nach hinten. Feine Dosierung an der Bremse, weit außen anfahren, das Vorderrad beschreibt den größtmöglichen Radius. Dabei braucht man den Mut, durch die Falllinie zu steuern und das Vorderrad kurz rollen zu lassen. Hartes Bremsen führt zum Überschlag.

Grobes Terrain: Wenn sich zur ohnehin schwierigen Abfahrt noch Nebel und Regen gesellen, müssen Sie auf der Hut sein. Schlechte Sicht und nasse Steine erfordern kontrolliertes Tempo und höchste Aufmerksamkeit. Versuchen Sie, die Bremsen nicht zu blockieren. Etwas geringerer Luftdruck in den Reifen erhöht den Grip. Halten Sie Sicherheitsabstand.

Vorausschauend fahren: Solche Holzbohlen oder -Brücken können feucht sein und sind dann glitschig wie Schmierseife. Reduzieren Sie bereits davor das Tempo, eine Notbremsung führt meist zum Sturz. Auch hier gilt: Waagerecht in den Pedalen stehen, Gewicht nach hinten!

Am Abgrund: Noch so eine Situation, die Sie in deutschen Mittelgebirgen nicht antreffen. Ein schmaler Pfad, mit Felsen und Stufen durchsetzt, dazu die furchteinflößende Optik des Abgrundes zu Ihrer Linken. Nerven behalten, das Vorderrad sollte immer rollen und in Bewegung bleiben. Geschwindigkeit stabilisiert! Nicht verkrampfen, im Zweifelsfall lieber absteigen.

Und los geht die Reise! In den nächsten Tagen zählen nur Naturerlebnis, Gruppengefühl und die Überwindung der eigenen Grenzen. Hier sind die Tipps für eine erfolgreiche Alpenüberquerung.

Endlich unterwegs!

Hinauf zum Passo Zebru im Nationalpark Stilfserjoch: Die Auffahrt beginnt gemächlich, wird steiler und endet mit einer Schiebepassage. Wenn die Gruppe zusammenbleibt, ersparen Sie sich Frust und lange Wartezeiten.

Endlich ist es so weit: Der große Tag Ihrer Alpenüberquerung ist gekommen. Sie sind bestens vorbereitet, hochmotiviert und auch Ihre Ausrüstung passt perfekt. Jetzt kann eigentlich nichts mehr schief gehen. Mit dieser Vorbereitung sollten Sie Ihr Ziel auf der anderen Seite der Alpen auf jeden Fall erreichen. Aber es geht ja nicht nur ums Ankommen. Das große Motto einer Alpenüberquerung heißt: „Der Weg ist das Ziel“, denn die gemeinsamen Erlebnisse sind das, wovon Sie noch lange zehren werden.

Mal abgesehen von schlechtem Wetter, einem wunden Hintern oder eventuellen Stürzen: Der Weg über die Alpen ist weit. Acht Tage im Sattel sind eine lange, anstrengende Zeit, und: Sie sind nicht allein unterwegs. Transalp ist und bleibt nun mal ein Abenteuer – ein landschaftliches, ein sportliches, aber auch ein zwischenmenschliches. „Es gibt während einer Alpenüberquerung eigentlich nichts, was nicht passieren kann!", hat ein erfahrener Transalp-Guide gesagt, und er hat Recht. Deshalb finden Sie in diesem Kapitel die Tipps für unterwegs – damit Ihre Alpenüberquerung vom ersten bis zum letzten Tag ein großartiges Erlebnis wird.

Der erste Tag: stressfrei zusammenfinden

Schon auf der ersten Etappe entscheidet sich oft, ob eine Gruppe zusammenpasst, oder nicht. Nicht nur sportlich, sondern auch zwischenmenschlich. Gerade am ersten Tag ist gegenseitige Rücksichtnahme sehr wichtig.

Je früher Sie morgens starten, desto früher erreichen Sie das Etappenziel. So erholen Sie sich besser und entgehen den Sommergewittern am Nachmittag.

Egal, ob Sie eine geführte Tour gebucht haben oder auf eigene Faust unterwegs sind – am ersten Tag sind alle Alpenüberquerer nervös. Quälende Fragen wie: „Werde ich es schaffen?“, „Habe ich alles eingepackt?“, „Funktioniert mein Bike?“ haben einigen Teilnehmern vielleicht eine schlaflose Nacht beschert. Entsprechend angespannt und gereizt kann die Stimmung der Gruppe sein. Daher ist es sehr ratsam, den Tourstart auf mittags zu legen und die Etappe dementsprechend kurz zu wählen. So können alle Teilnehmer nochmal in Ruhe ihre Gepäckliste durchgehen und eventuell letzte Besorgungen machen. Nachdem alle Gruppenmitglieder den Startpunkt erreicht haben, kann es endlich losgehen. Nutzen Sie jetzt aber nicht die erste, kurze Etappe dazu, Ihren Mitfahrern zu demonstrieren, wie stark Sie sind! Das ist leider immer wieder der gröbste Anfängerfehler. Denn mit einem Schnellstart zerreißen Sie nur die Gruppe und verschießen unnötiges Pulver für die folgenden, langen Etappen. Nutzen Sie den ersten Tag stattdessen zum Einrollen, zum aneinander gewöhnen und zur Feinabstimmung Ihrer Ausrüstung. Denn meistens merkt man erst auf den ersten Höhenmetern, dass der Rucksack noch kneift oder die Sattelposition nicht ganz stimmt. Gegenseitiges Helfen schweißt die Gruppe dabei zusammen, genervtes Zuschauen bewirkt das Gegenteil!

Genauso falsch ist es aber auch, eine Druckstelle nach dem Motto: „Geht schon noch“ zu verschweigen. Irgendwann geht es nämlich nicht mehr, weil Sie bereits die ersten Muskelverspannungen spüren, die sich in den nächsten Tagen noch verschlimmern könnten. Wenn sich alle Teilnehmer einig sind, dass am ersten Tag kleinere Mängel behoben werden und kein Rennen gefahren wird, verfliegt die anfängliche Nervosität schnell, und Sie haben den Grundstein für eine erfolgreiche Woche gelegt.

Die weiteren Etappen: früh starten

Egal, wie lang Sie Ihre Tagesetappen geplant haben – starten Sie morgens möglichst früh. Das hat mehrere Vorteile: Erstens ist die Bergluft morgens besonders klar und die Fernsicht bei schönem Wetter hervorragend.

WETTERTIPP **Nordstau am Starttag? Beobachten Sie vor Ihrem Start die Wetterlage. Stauen sich hartnäckige Regenwolken in den Nordalpen, versuchen Sie den Tourenstart um ein paar Tage zu verlegen. Denn Nordstau bedeutet Regen im Norden, Sonne im Süden. Wenn das aus zeitlichen Gründen nicht möglich ist, verlegen Sie den Startort weiter in die Nähe des Alpenhauptkamms – und damit näher an die Sonne!**

Der optimale Tagesplan

Als Alpenüberquerer sind Sie im Urlaub und können sich Ihren Tagesablauf natürlich einteilen, wie Sie wollen. Es schadet aber nicht, wenn Sie sich an diesem Zeitplan orientieren. Er hat sich jahrelang bewährt:

- 7 Uhr aufstehen, anziehen, frühstücken, Rucksack packen.
- 8-8:30 Uhr Tour-Start.
- 12-13 Uhr Mittagspause.
- bis 16 Uhr Etappen-Ziel, anschließend Stretching, Bikepflege, Wäsche waschen.
- bis 20 Uhr Abendessen, anschließend Routen-Besprechung der nächsten Etappe.

Richtig Pause machen hilft über den Berg, viele kleine Pausen kosten dagegen jede Menge Zeit, Kraft und Nerven.

Zweitens haben Sie unterwegs mehr Zeit für Hüttenrast, Foto- und Panoramapausen, aber auch für Unvorhergesehenes wie Pannen und eventuelle falsche Abzweige. Und drittens – und das ist der Hauptgrund – sollten Sie Ihr Etappenziel wegen der Gewittergefahr bis 16 Uhr erreicht haben. Selbst bei stabilem Hochdruckwetter kann es nachmittags zu rasch aufziehenden, lokalen Wärmegewittern kommen (siehe Wetter, Kapitel sechs). Frühes Ankommen hat noch einen positiven Nebeneffekt: Mehr Zeit zur Erholung!

Temposteuerung

Wie groß die Gruppe auch ist, jeder muss sein eigenes Tempo finden. Wenn schnellere in Ihrer Gruppe dabei sind – lassen Sie sie ziehen. Deshalb brauchen Sie noch lange kein schlechtes Gewissen zu haben. Wer stärker ist – und souverän genug –, unterstützt die Schwächeren moralisch oder fährt ihnen nochmals bergab entgegen, nachdem er den Gipfel erreicht hat. Lassen Sie sich nicht aufhetzen, die beste Ausrede für Ihr individuelles Tempo ist die Pulsuhr. Wenn Sie Ihre persönlichen Leistungsbereiche kennen (siehe Kapitel Training, Leistungsdiagnostik), fällt es leicht, sich genau an diese zu halten. Und das sieht auch ein stärkerer Fahrer ein! Vernunft bringt ans Ziel, Unvernunft sicher nicht.

TIPP Legen Sie abends einen exakten Abfahrtszeitpunkt fest. Vereinbaren Sie, dass der letzte Zuspätkommer abends eine Runde für alle zahlen muss, die Ketten aller Bikes ölen muss oder Ähnliches. So werden Sie sich nicht über notorische Zuspätkommer ärgern – und falls doch, profitieren die Wartenden wenigstens davon!

Ernährung unterwegs: Damit Sie wieder kraftvoll reintreten können

Ein 70 Kilo schwerer Biker verbraucht je nach Schwierigkeitsgrad und Dauer der Etappe etwa 500-850 Kalorien pro Stunde. Zwar hat der Körper etwa 50 000 Kalorien in Form von Fett gespeichert, aber auf diese kann man beim intensiven Biken nicht oder nur sehr schwer zurückgreifen. Der eigene Tank will immer wieder befüllt werden – je besser der Trainingszustand, desto später, und zwar mit Energie in Form von Kohlenhydraten. Die körpereigenen Kohlenhydratspeicher (1200-2400 kcal) sind nach spätestens zwei Stunden geleert, was folgt, nennt man im Fachjargon Unterzucker oder Hungerast! Beachten Sie: Ein Energieriegel steht erst knapp eine halbe Stunde nach Verzehr als Energie bereit, schneller sickern Energy-Gels (als Notration immer dabei haben!) oder kohlenhydratreiche Getränke ins Blut.

Doch Sie wollen sich ja nicht mit dieser komprimierten Astronautennahrung über die Alpen quälen, sondern auch Land und Leute, Kultur und Essgewohnheiten kennen lernen. Auf den Gipfeln locken bewirtschaftete Hütten – nur eignet sich hier nicht jede Speise für den Sportlermagen.

Richtig trinken: Fragen und Antworten

- **Darf ich das Wasser aus einer Bergquelle trinken?** Abgesehen von möglichen Verunreinigungen, zum Beispiel durch Kühe, hat Quellwasser in den Augen der Ernährungswissenschaftler nicht die optimale Zusammensetzung für Sportler (kein Natrium enthalten). Als ergänzende Flüssigkeit, um eine halbvolle Flasche aufzufüllen, ist es aber in Ordnung.
- **Wie viel muss ich pro Stunde trinken?** Der Magen kann nur zwischen 600 und 800 Milliliter Flüssigkeit pro Stunde aufnehmen. Mehr zu trinken bringt also nichts. Schon diese Menge schafft man in der Praxis meist nicht.
- **Abends nach der Tour:** Was spricht gegen ein bis zwei Bier als Flüssigkeitsersatz? Prinzipiell nichts, ein entwässernder Effekt tritt bei dieser Menge noch nicht ein, idealerweise trinkt man aber alkoholfreies Bier (Weißbier). Größere Mengen alkoholhaltiger Getränke schaden dem Körper, weil der Alkoholabbau die Regeneration verzögert. Verzichten Sie am Abend nach und vor einer schweren Etappe lieber ganz auf Alkohol!

Was trinke ich auf der Hütte am besten: Leitungswasser, Cola oder Apfelschorle?

In dieser Reihenfolge: Apfelschorle, Cola, Leitungswasser. Entscheidend ist aber die Menge, die man trinkt. Lieber vom zweitbesten mehr als vom besten weniger. Hauptsache man trinkt überhaupt viel.

Wie wirken sich Tee oder Kaffee aus?

Kaffee und Tee sind problemlos für jemanden, der daran gewöhnt ist. Bei Personen, die beides nicht gewohnt sind, können sie entwässernd wirken.

Zum Waschen o.K., zum Trinken ungeeignet: Wasser aus einer Bergquelle.

Optimale Energiespender

- Pilzragout mit Knödel
- Spaghetti Bolognese mit Salat
- Salat mit Putenstreifen und Brot
- Käsespätzle mit Salat (evtl. Käse reduzieren)
- Obstkuchen
- Reife Bananen
- Laugenbrezel als Beilage

Noch geeignet:

- Kaiserschmarrn
- Germknödel

Ungünstige Energiespender (zu fett oder schwer verdaulich)

- Reibekuchen mit Apfelmus
- Schweinebraten
- Speckjause
- Wiener Schnitzel mit Pommes
- Leberkäse mit Kartoffelsalat
- Currywurst mit Pommes
- Sahnetorte

Ausruhen nach einer langen Etappe: Kohlenhydratreich essen, viel trinken und ausreichend schlafen. Wenig Alkohol!

Fakten zu Schwitzen und Trinken

- Aufenthalt in großer Höhe erhöht den Flüssigkeitsbedarf.
- Je weniger man isst, desto mehr muss man trinken.
- Schwere Menschen haben eine größere Schweißrate als leichte.
- Frauen schwitzen unter gleichen Bedingungen weniger als Männer.
- Jedes wahrnehmbare Windverhältnis setzt den Schweißverlust herab (Kühleffekt des Windes).
- Der Flüssigkeitsbedarf eines Erwachsenen beträgt durchschnittlich 2,5 Liter pro Tag (ohne Sport), davon werden 60 Prozent durch Getränke aufgenommen, der Rest stammt aus fester Nahrung oder aus dem Stoffwechsel.
- Kalte Getränke passieren den Magen langsamer und tragen zur Senkung der Körpertemperatur bei. Der Temperatur-Grenzwert des Getränks beträgt etwa fünf Grad, darunter riskiert man Magenstörungen.
- Die Farbe des Urins dient als Gradmesser der Wasserversorgung. Je dunkler die Farbe, desto mehr müssen Sie trinken!

TIPP **Den optimalen Ernährungsrhythmus signalisiert spätestens das Hungergefühl, besser taktet ihn der Wecker in der Pulsuhr: Alle 15 Minuten ein Schluck Getränk, etwa alle 45 Minuten feste Nahrung knabbern. Wer einmal unbemerkt in die Unterzuckerung abgleitet, kämpft sich aus diesem Leistungstief nur noch schwer heraus!**

Vermeiden Sie unnötige Pausen

Durch häufige Pausen verlieren Sie auf der Etappe nicht nur jede Menge Zeit, sondern auch Ihren Rhythmus. Einigen Sie sich auf fixe Treffpunkte. Pausen an schönen Aussichtspunkten, zur Orientierung, zur Mittagsrast, zum Austreten, zum Warten auf die anderen und bei Pannen müssen sein. Unnötige Pausen entstehen durch zu häufiges Klamottenwechseln. Ein kühler Windstoß allein löst noch lange keine fiebrige Erkältung aus. Vor langen Abfahrten sollte man aber unbedingt eine Jacke anziehen. Hier kann es auch bei Hitze schnell zu Unterkühlungen kommen. Fahrtwind und Verdunstungskälte unterschätzt man oft – eine Belastung mehr für das Immunsystem des überhitzten und geschwächten Körpers.

Richtig Pause machen

Legen Sie alle eineinhalb bis zwei Stunden eine kurze Rast ein, falls Sie mit einer mäßig trainierten Gruppe unterwegs sind. Das ist genau die Zeitspanne, in der der Körper nach fester Nahrung schreit, weil sich die Speicher leeren. Nehmen Sie sich dann die Ruhe, durchzuatmen, ordentlich zu essen und zu trinken. Danach geht es umso besser weiter – wenn auch die ersten Pedalumdrehungen nach einer Pause immer weh tun!

Abendritual: Besprechung der nächsten Etappe

„Und was kommt morgen?“ Abends nach dem Essen ist es Zeit für einen gemeinsamen Blick auf die Landkarte und den Etappenplan. So bekommen alle Teilnehmer einen Überblick über den nächsten Tagesabschnitt. Sie können sich auf die Landschaft freuen und sich mental auf die Anforderung der Strecke einstellen. Beziehen Sie dabei ruhig den Hütten- oder Pensionswirt mit ein, lassen Sie sich aber nicht von ihm ins Bockshorn jagen, wenn die Unterkunft abseits der klassischen Transalp-Routen liegt. Hüttenwirte, die nur selten Biker zu Gast haben, halten oft schon einfache Wanderwege, also wunderbare Biker-Singletrails, für absolut unfahrbar. Zumindest wissen die meisten Wirte, ob der geplante Weg vielleicht durch eine Mure oder Lawine unpassierbar geworden ist. Fragen Sie bei der Gelegenheit auch gleich nach der Wettervorhersage. Wenn Nebel oder sehr schlechtes Wetter angesagt ist, können Sie abends auf der Karte noch eine Alternativ-Route austüfteln.

Leistungsunterschied in der Gruppe: gemeinsam stark!

Es kann auch Sie jeden Tag eiskalt erwischen. Gestern sind Sie noch topfit den steilen Anstieg hinaufgekurbelt und heute geht einfach gar nichts. Bei einer achttägigen Tour ist das völlig normal. Selbst manch ein Spitzenteam der Transalp-Challenge kann ein Lied davon singen – dabei sind die nur zu zweit und im Gegensatz zu Ihrer Gruppe in der Regel auf konditionell gleichem Niveau. Nehmen Sie sich die Grundregel der Rennprofis zu Herzen: Das Team bleibt zusammen und ist gemeinsam stark!
Der Letzte einer Gruppe zu sein, bedeutet puren Stress. Um den Anschluss nicht zu verlieren, fährt er womöglich stundenlang über seinem Limit und verbraucht damit seine letzten Kraftreserven. Schon der nächste Tag könnte für ihn wegen Erschöpfung das Aus bedeuten. Verliert der Nachzügler die Gruppe während der Tour sogar aus den Augen, sinkt die Motivation bis unter die Schuhsohlen. Addiert sich dazu noch eine Panne oder ein zweifelhafter Abzweig und sowohl Werkzeug als auch Karten stecken im Rucksack eines vorausfahrenden Teilnehmers, schlägt der Stress schnell in Zorn um – ganz zu Recht! Die Folge trifft alle Mitfahrer, denn die warten oben am Pass, kühlen aus und machen sich so lange Sorgen, bis ein Teilnehmer umkehren muss, um den Nachzügler aufzuspüren.
Zusammenbleiben ist also wichtig – und gegenseitiges Helfen natürlich auch. Sie können den Schwächsten zum Beispiel unterstützen, indem Sie Gewicht aus seinem Rucksack nehmen und auf die stärksten Teilnehmer verteilen.
Oder versuchen Sie es mit dem psychologischen Trick der Bergführer: Einer der Stärkeren lässt sich bewusst hinter den Letzten zurückfallen (Vorwand: Schaltung einstellen, irgendwas aus dem Rucksack holen o. Ä.) und fährt eine Weile hinter ihm her. Das reicht schon aus, denn nicht mehr der Letzte zu sein, motiviert ungemein und gibt plötzlich neuen Schwung für den Berg.
Ist ein Teilnehmer der Gruppe jedoch so schwach, dass Sie fürchten müssen, das Etappenziel nicht rechtzeitig zu erreichen, hilft nur noch der Schlauchtrick. Man knotet zwei Schläuche zusammen, wirft die eine Schlaufe um die Sattelstütze eines Stärkeren und befestigt die andere Schlaufe am Lenker des Schwächeren. Fertig ist das Abschleppseil.
Trotz aller Rücksichtnahme will man sich während einer Tour vielleicht auch mal duellieren. Das dürfen Sie auch, aber heben Sie sich die Aktion für den letzten Anstieg des Tages auf (wenn es für die Zurückbleibenden keine verwirrenden Abzweige mehr gibt). Aber verausgaben Sie sich dabei nicht komplett, sonst sind Sie am nächsten Tag womöglich das Schlusslicht!

Was tun, wenn ein Teilnehmer unterwegs total einbricht?

Er steht vermutlich an der Schwelle zur totalen Unterzuckerung. Sofortiges Essen und Trinken bringen ihn wieder auf die Beine. Pausieren Sie mit der Gruppe unbedingt ein paar Minuten. Es gibt nur zwei Möglichkeiten: Entweder er erholt sich dadurch, oder fährt den Rest der Strecke mit halber Kraft auf Notstrom. Vorbeugung: ausreichend und in regelmäßigen Abständen verpflegen, kleine Gänge kurbeln, anstatt dicke Gänge zu würgen.

Klamotten waschen: aprilfrisch am Berg

Auch wenn Ihre eigene Nase gegen den eigenen Dunst unempfindlich ist: Waschen Sie abends das getragene Unterhemd, das Trikot, die Socken und ihre Bikehose mit Shampoo aus. Vor allem das Sitzpolster Ihrer Hose schreit nach Pflege, denn es bietet idealen Nährboden für Bakterien und Keime. Wunde Stellen und kleine Pickel auf der Sitzfläche können während der Tour in einer mehrmals getragenen Hose schnell zu schmerzhaften Furunkeln heranwachsen. Steigen Sie möglichst jeden Tag in gewaschene Shorts!
Sollten die gewaschenen Sachen am nächsten Tag noch nicht getrocknet sein, können Sie sie außen an Ihrem Rucksack befestigen. Dann trocknen die Kleidungsstücke im Fahrtwind.

Duft der Freiheit: Tägliches Auswaschen der Klamotten werden Ihnen auch die anderen Teilnehmer danken

Schwierige Abfahrten: kein Risiko eingehen!

Sie stehen vor einer Abfahrt, die Sie sich vom Schwierigkeitsgrad vielleicht gerade noch zutrauen würden, aber es hat geregnet. Steigen Sie im Zweifelsfall lieber ab und schieben Ihr Bike durch die Passage. Gehen Sie bei einer Alpenüberquerung kein Risiko ein. Gerade im vermeintlichen Gruppenzwang wagt man mehr, als einem gut tut. Bedenken Sie, dass der schwere Rucksack zusätzlich die Geschwindigkeit und das Bremsverhalten beeinflusst.

Kraftlos – Sie wachen morgens schon schlapp auf

Jeder hat mal so einen Tag: Schon beim Aufsitzen merken Sie, dass Sie heute keine Bergwertung holen werden. Die Beine sind schwer, die Schultern vom Rucksack müde und auch der Hintern würde eine Couch dem Sattel vorziehen. Aber es hilft nichts, die Karawane zieht weiter. Starten Sie ganz ruhig und versuchen Sie, schon in der Ebene mit hohen Umdrehungen die Müdigkeit aus Ihren Schenkeln zu kurbeln. Am Anstieg heißt es dann: Rhythmus suchen, finden und beibehalten. Fahren Sie lieber etwas langsamer als die anderen, machen aber nicht so viele kleine Pausen. Denken Sie bergauf von Kurve zu Kurve und schauen Sie nicht auf den Höhenmesser, stattdessen auf den Kilometerzähler: Fahren Sie alle 1000 Meter 100 Meter im Wiegetritt, das entlastet das Gesäß. Wenn der Körper erst mal seinen Trott gefunden hat, werden Sie auch diese Etappe überstehen! Trinken Sie viel und essen Sie abends einen extra großen Teller Nudeln. Am nächsten Tag kann die Welt schon wieder ganz anders aussehen!

Aktive Erholung: So werden Sie fit für die nächste Etappe

Die Erholung und damit die Vorbereitung auf die nächste Etappe beginnt mit dem Finale des aktuellen Tageswerks. Rollen Sie die letzten Kilometer zu Ihrem Nachtquartier mit hoher Trittfrequenz (80-100 Umdrehungen) locker aus. Falls Sie sich auf einen Bergsprint mit den Kollegen eingelassen haben, rollen Sie direkt nach der Bergwertung noch fünf bis zehn Minuten vor sich

Tragetechniken: Probieren Sie bereits zuhause aus, wie Sie Ihr Bike am besten tragen. Je nach Rahmendesign bieten sich verschiedene Möglichkeiten an. Die auf Dauer komfortabelste ist die rechte Variante, bei der das Bike auf dem Rucksack lastet.

hin. Schlaf ist die einfachste und wirkungsvollste Erholungsmaßnahme, acht bis neun Stunden sollte man schlummern. Legen Sie vor dem Zu-Bett-Gehen die Beine hoch: Auf dem Rücken liegend die Beine 20 Sekunden an die Wand, dann wieder aufstehen. Mehrmals im Wechsel, das beschleunigt den Abtransport der Stoffwechselschlacke. Etwas Stretching für Rücken, Beine, Arme und Nacken tut Ihrem Körper auch gut. Das beste Resultat erzielt man ebenfalls direkt vor dem Schlafengehen. Falls Ihre Etappe eine längere Laufpassage beinhaltete, wundern Sie sich nicht über einen saftigen Muskelkater, der meist erst zwei Tage später lästig wird. Dehnen wirkt dann kontraproduktiv!

Die Erkenntnis, dass man über die Ernährung nach dem Sport seine Regeneration spürbar beschleunigt, hat sich bei vielen Hobby-Bikern noch nicht herumgesprochen. In den ersten zwei Stunden nach der Belastung verläuft die Wiederherstellung der Glykogen-Speicher besonders effektiv. Daher verkürzt die unmittelbare Nahrungsaufnahme die Erholungszeit! Sofort nach Ende der Etappe sollte man sein Flüssigkeitsdefizit ausgleichen. Mineralwasser oder auch Saftschorlen eignen sich gut. Diese Art der kombinierten Kohlenhydrat-Flüssigkeitsaufnahme bietet sich besonders dann an, wenn der Magen direkt nach der Belastung für feste Nahrung noch zu gereizt ist. Abends darf man beruhigt wieder zur irdischen Ernährung übergehen. Eine Folienkartoffel mit Kräuterquark, Müsli mit Joghurt, aber auch Nudel- und Reisgerichte mit frischem Gemüse und magerem Fleisch oder Fisch machen den Körper wieder fit. Und vergessen Sie den Bike-Check nicht: Ihr Bike regeneriert leider nicht von alleine. Prüfen Sie abends die Funktion von Bremsen, Schaltung und Federung, sichten Sie die Reifen auf Schnitte, Dornen oder einen schleichenden Plattfuß. Kaum etwas ist ärgerlicher, als morgens vor der Abfahrt bei wartender Gruppe einen Defekt zu beheben.

Was tun, wenn Sie Ihr Etappenziel nicht erreichen?

Wenn Sie merken, dass Sie Ihr geplantes Etappenziel bis 20 Uhr nicht erreichen: Rufen Sie die Unterkunft an und sagen Sie Bescheid, dass Sie nicht kommen. Hüttenwirte informieren sonst die Bergwacht und lassen nach Ihrer Gruppe suchen. Grundsätzlich sollten Sie auf keinen Fall im Dunkeln weiterfahren. Die Sturzgefahr wäre definitiv zu groß. Schauen Sie unterwegs lieber rechtzeitig auf die Uhr und schätzen Sie die verbleibende Distanz richtig ein. Wenn sich abzeichnet, dass das Tageslicht knapp werden könnte, suchen Sie auf der Karte rechtzeitig nach einer schnelleren Variante, beispielsweise einer asphaltierten Straße.

Alpine Gefahrenzonen

Auf dem Weg über die Alpen lauern einige Gefahren: Unwetter, unpassierbare Wegstrecken, Stürze. Aber auch ein wunder Hintern oder ein schmerzendes Knie können zum großen Problem werden. Dieses Kapitel macht Sie zum Wetterfrosch und leistet erste Hilfe bei Schmerzen und Verletzungen.

Und plötzlich liegt Schnee: Eine Kaltfront kann sogar im August über die Alpen hereinbrechen. Doch normalerweise bleiben Alpenüberquerer von Ende Juni bis Anfang September vor eiskalten Überraschungen verschont.

Was gerade noch als Wattewolke den Horizont verschönerte, kann ganz schnell nach Ihnen greifen: Nebel zieht in den Alpen auch mal blitzschnell den Berg hinauf. Die Orientierung könnte dann schwierig werden.

Das Wetter ist die Komponente einer Transalp, die einem einen dicken Strich durch die Rechnung machen kann. Kälte, klatschnasse Klamotten, schlammige, rutschige Trails und nebelverhangene Gipfelgrate können das ganze Unternehmen in einen Albtraum verwandeln. Nicht nur, dass Ihnen das verdiente Panorama verwehrt wird. Ein Gewitter in freiem, hochalpinem Gelände ist sogar lebensgefährlich. Daher hier ein paar Tipps, wie Sie möglichst trocken und gesund über die Berge kommen.

1. Vor dem Start: Wetterbericht studieren!

Beobachten Sie die Großwetterlage ein paar Wochen vor Ihrem geplanten Transalp-Start. Wenn sich ein hartnäckiges Tief über dem gesamten Alpenraum breit macht, verschieben Sie die Tour um einige Tage. Wenn ein Verschieben aus zeitlichen Gründen nicht möglich ist: Streichen Sie wenigstens die höchsten Pässe aus Ihrer Routenplanung. Im Hochgebirge könnte es bereits schneien, und dicke Nebelschwaden können die Orientierung unmöglich machen.

2. Vor dem Start: Nordstau?

Stauen sich die Regenwolken nur an den Nordalpen (Nordstau), verlegen Sie den Startpunkt der Transalp einfach näher an den Alpenhauptkamm. So sparen Sie sich ein bis zwei Etappen im Regen und können sich nach der feucht-kalten, aber kurzen Überquerung des Alpenhauptkamms auf sonnige Etappen im Süden freuen.

3. Während der Tour: Regentage

Sie wachen morgens auf und hören bereits das Regenwasser durch die Dachrinne gurgeln. Ein nasskalter Tourentag erwartet Sie. Jetzt haben Sie mehrere Möglichkeiten:

- Regenjacke zu und durch. Hohe Pässe wegen schlechter Sichtverhältnisse und Blitzschlag unbedingt meiden (im Notfall ist dort auch ein Rettungshubschrauber-Einsatz unmöglich!).

Wetterseiten im Internet: www.alpenverein.de, www.alpenwetter.com

Ein Gewitter droht, und kein Unterschlupf in Sicht: Sofort ins Tal abfahren! Wenn es dafür zu spät ist, suchen Sie sich eine Geländemulde und kauern Sie sich auf den Rucksack.

Rutschpartie durch Regenwetter: Für ohnehin schon schwierige Passagen sollte man sich bei schlechtem Wetter auf der Karte Alternativrouten überlegen.

Gewitterarten

Wärmegewitter

Sie können täglich auftreten, sind örtlich begrenzt und daher schwer vorherzusagen. Meist schlagen sie nachmittags zu und vorwiegend in Gebirgen mit hohem Felsanteil (Karwendel, Dolomiten), da hier die Sonneneinstrahlung am intensivsten ist. Die stark erwärmte Luft steigt auf und kühlt sich dabei ab. Daraus entstehen Wolken. Entweder treiben sie nun als Schönwetterwolken harmlos über den Himmel oder brauen sich weiter zu dunklen Gewittertürmen zusammen, die sich bald entladen. Wärmegewittern kann man gut entkommen, wenn man morgens früh startet und am frühen Nachmittag (bis 16 Uhr) die nächste Unterkunft erreicht. Wenn es Sie doch erwischt: Wärmegewitter lösen sich in der Regel rasch auf und es scheint bald wieder die Sonne.

Kaltfrontgewitter, Wettersturz

Kalte Luftmassen schieben sich mit hoher Geschwindigkeit unter die erwärmte Luft am Boden und drücken sie nach oben. Dabei entstehen ebenfalls Gewitterwolken. Doch im Unterschied zum Wärmegewitter bringen Frontgewitter anhaltend starken Regen, Temperaturstürze und tagelang schlechtes Wetter mit sich. Allerdings kann der Wetterbericht das Anrücken von Kaltfronten einige Tage vorhersagen. Fragen Sie daher täglich nach den Prognosen für die nächsten Etappen.

- Die zweite Möglichkeit: Sie setzen sich in den Zug oder Bus und überspringen so eine Etappe (fragen Sie Ihren Wirt nach Möglichkeiten und Fahrplänen).
- Oder Sie legen einen Ruhetag ein und entspannen einen Tag in der Hütte (falls Wetterbesserung in Sicht ist). Dann sollten Sie allerdings in den folgenden gebuchten Unterkünften telefonisch Bescheid geben. Am besten fragen Sie den meist erfahrenen Hüttenwirt nach der aktuellen Wetterlage und diskutieren mit ihm die beste Lösung.

4. Nebel im Hochgebirge

Sie sind gerade auf dem Weg zum Pass und plötzlich ist die Sicht weg. Sie können kaum mehr Ihre eigenen Füße ausmachen – dicker Nebel kann in den Alpen im Handumdrehen aufziehen. Handelt es sich dabei um eine Schönwetter-Wolke, ein abziehendes Gewitter oder eine abgeregnete Regenwolke, zieht der Nebel auch schnell wieder weg. Handelt es sich aber um eine Staulage (tagelanger dichter Nebel) oder den Durchzug einer Wetterfront (Nebel bis in die Tallagen), brauchen Sie einen guten Orientierungssinn. Wer sich nun auf Kompass oder GPS-Gerät verlassen kann, hat gut Lachen. Doch im Zweifel drehen Sie lieber um und bleiben im sicheren Tal, wenn der Nebel zu dicht wird.

Sieht schlimmer aus, als es sich anfühlt: Solange man bei einem Wintereinbruch (hier am Pfitscher-Joch) in Bewegung bleibt, wird es einem nicht kalt. Doch sobald es steiler wird, muss man früher schieben, weil die Reifen durchrutschen. Damit die Füße warm und trocken bleiben: Gore-Socken wählen! Durch Überschuhe sickert Wasser und sie rutschen beim Laufen weg.

5. Starker Wind

Starker Wind und Sturmböen sind vor allem bei Gewittern, Schlechtwetter-Einbrüchen oder Föhnlagen zu erwarten. In hochalpinem Gelände kann ein Föhnsturm sogar Orkanstärke erreichen. Klar, dass ausgesetzte Pfade dann für Biker zur Gratwanderung werden. Ausgeprägte Föhnwetterlagen gibt es jedoch hauptsächlich im Winter (November bis März). Im Sommer bedeutet eine Föhnwetterlage vor allem schönes (windiges) Wetter und klarste Fernsicht auf der Alpennordseite, aber Dauerregen auf der Alpensüdseite. Dazu Schaubild: Föhnwetterlage! (Seltener andersherum).

6. Gewitter

Gewitter zählen zu den größten alpinen Wettergefahren. Gerade von Mai bis August können sie in den Alpen im Wortsinn blitzschnell hinter der nächsten Felswand aufziehen. Regengüsse, Hagel, Sturmböen, Donner und Blitz lassen nicht mehr lang auf sich warten. Sind Sie jetzt schutzlos in hochalpinem Gelände unterwegs, schweben Sie in Lebensgefahr. Befinden Sie sich nahe eines metallischen Gegenstandes (z. B. Gipfelkreuz), der zu knistern beginnt oder auf dem schwache Lichtbündel zu erkennen sind (Elmsfeuer), dann stehen Sie sogar an einem potenziellen Blitzeinschlagsort. Gehen Sie seitlich von diesem Ort weg (nicht senkrecht!) und suchen Sie sich eine Geländemulde. Ducken Sie sich hinein. Legen Sie Ihr Bike aber unterhalb Ihrer Schutzmulde in mindestens 50 Meter Entfernung ab und schalten Sie Handy und GPS-Geräte aus!

Meiden Sie bei Gewitter unbedingt Gipfelgrate, Waldränder, Wasserrinnen und freistehende Gegenstände wie Bäume, Masten, Gipfelkreuze. Auch einzeln stehende Heuschober und Schutzhütten sind blitzgefährdet.

7. Muren-Abgänge

Starke Schneeschmelze (z. B. bei Föhnwetterlage) und langanhaltender Regen (Staulagen) kann in den Alpen, besonders an steilen oder unbewaldeten Hängen Muren- und Schlammlawinen auslösen. Nicht selten reißen die Erdmassen Brücken, Wege und Straßen weg.

Alpenüberquerer stehen (hoffentlich nur) vor dem Problem: Wie komme ich weiter? Wenn die Erdmassen noch frisch sind (ein bis zwei Tage): Suchen Sie nach einer weiträumigen Umfahrung, da sich die Erdmassen (eventuell mit Baumstämmen) noch bewegen könnten. Ist die Mure schon etwas älter, trocken und hat sich eindeu-

TIPP **Die Entfernung eines Gewitters können Sie errechnen: Zählen Sie die Sekunden zwischen Blitz und Donner und multipizieren Sie die Zahl mit 330. Zum Beispiel: sieben Sekunden mal 330 = 2310 Meter. Das Gewitterzentrum ist etwa 2,3 Kilometer von Ihnen entfernt.**

tig gesetzt, können Sie ein Darüberklettern wagen (wenn die Mure überschaubar und leicht zu überklettern ist). Erkundigen Sie sich vor dem Tourenstart bei den jeweiligen Fremdenverkehrsämtern oder Ihren Hüttenwirten, ob verschüttete Wege auf Ihrer Route zu erwarten sind (gerade im Frühsommer!).

8. Wintereinbruch

Schneefall im August? Der kalte und feuchte Sommer 2005 hat es gezeigt: Im Alpenhauptkamm ist auch das möglich. Doch normalerweise fallen die letzten Flocken im Mai/Juni (aber Rest-Schneefelder an Nordhängen!) und die ersten wieder ab September. In diesen Übergangszeiten handelt es sich meist um nicht allzu viel und nassen Schnee, der mit den nächsten Sonnenstrahlen wieder schmilzt. Trotzdem kann so ein Wintereinbruch für Alpenüberquerer unangenehme Folgen haben: Die Kälte kostet mehr Energie, selbst angenehme Steigungen und Abfahrten werden zu rutschigen Schiebepassagen, und eine geschlossene Schneedecke begräbt schon mal einen wichtigen Wegabzweig unter sich (Vorteil GPS: Man muss nur der Spur im Display folgen!). Dennoch: Gehen Sie dem Winter am besten aus dem Weg. Wenn es im Tal bereits regnet, sehen Sie in der Karte nach, wie viele Höhenmeter es noch zum höchsten Etappenpunkt sind. Dann rechnen Sie großzügig ein Grad pro 100 Höhenmeter von der Temperatur Ihres aktuellen Standpunktes ab. Nähert sich der errechnete Wert der Null Grad-Grenze, suchen Sie in der Karte besser eine Umfahrung in Talnähe. Werden Sie dagegen am Pass vom Winter überrascht, machen Sie möglichst wenig Pausen, damit Sie nicht unnötig auskühlen.

TIPP Beim Schieben dauert es nicht lange, bis der nasse Schnee durch die Schuhe sickert. Überschuhe aus Neopren helfen hier überhaupt nicht, da das Wasser durch die Cleats-Ausschnitte eindringt. Außerdem verdecken Überschuhe die Profilsohle der Schuhe! Wählen Sie lieber Gore-Socken. So werden die Schuhe zwar auch nass, aber die Füße bleiben trocken und warm und Sie können unbehindert laufen.

Gruselige Stimmung am Similaun-Gletscher: Wenn Sie nicht wie Ötzi enden wollen, fragen Sie Ihren Hüttenwirt, ob die geplante Weiterfahrt möglich ist und erkundigen Sie sich jeden Tag nach dem Wetterbericht.

Auf der Karte sah der Weg gar nicht so schlimm aus, jetzt zittern Ihnen beim Blick in den Abgrund die Knie: Gehen Sie kein Risiko ein und schieben Sie lieber. Ein Sturz könnte fatale Folgen für die ganze Gruppe haben.

Sicherheit und Erste Hilfe

Die meisten Stürze passieren aus Übermut oder mangels Konzentration – ein Zeichen von Müdigkeit und Erschöpfung. Wie bei den Skifahrern steigt auch bei Alpenüberquerern die Unfallrate nachmittags deutlich an. Brennpunkte sind dabei nicht einmal die technisch schwierigen Passagen. Denn auf anspruchsvollen Trails ist die Konzentration noch am größten, das Tempo meist gering und wenn es zu schwierig wird, steigen clevere Biker ohnehin ab. Die folgenschwersten Unfälle passieren dagegen auf vermeintlich einfachen Passagen wie Forstautobahnen, kurvigen Asphalt-Abfahrten (Auto-Verkehr!), schmierigen Holzbrücken, schräg zum Weg laufenden Wasserrinnen und bei Überholmanövern. Gerade nach einer längeren Konzentrationsphase (z. B. Trailpassage) oder einer anstrengenden Auffahrt lassen es Biker auf solchen Strecken gern krachen. Und dann passiert's.

Seien Sie sich also dessen bewusst – während der Tour, aber auch schon bei der Planung der Etappen-Längen, damit es zu Konzentrationsschwächen wegen Ermüdung gar nicht erst kommt.

Trotz aller Vorsicht können Grundkenntnisse in Erster Hilfe nicht schaden. Bedenken Sie: Der Rettungsweg in den Alpen ist lang und aufs Handy können Sie sich nicht immer verlassen. Gerade im Hochgebirge suchen Mobiltelefone meist vergeblich nach Empfang. In diesem Fall muss ein Teilnehmer der Gruppe also ins Tal abfahren, um Hilfe zu holen. Für die Rettungskräfte ist es abseits der Asphaltstraßen wesentlich komplizierter und langwieriger den Unfallort zu erreichen, als in der Zivilisation. Zumindest ein Teilnehmer der Gruppe sollte daher wissen, was im Notfall zu tun ist.

Doch meist sind es die kleinen bis mittelschweren Zipperlein, die den Trip über die Alpen erschweren. Wenn sie nicht richtig behandelt werden, können sie sich im weiteren Verlauf der Tour zu wahren Geißeln entwickeln.

Die häufigsten Schmerzen durch Überlastung

Rückenprobleme

Gehören zu den häufigen Beschwerden während einer Alpenüberquerung. Gründe dafür sind meist ein schlecht sitzender Rücksack und/oder eine zu schwache Rumpfmuskulatur. Aber auch eine falsche Sitzposition führt zu Verspannungen.

Vorbeugung: Am Bike: höheren Lenker/Vorbau montieren (umdrehen), Abstand Lenker – Sattel verringern. Am Rucksack: perfekt dem Körper anpassen und das Gewicht richtig (gleichmäßig) verteilen. Am Körper: Training! Nur eine starke Bauch- und Rückenmuskulatur verkraftet das Rucksackgewicht und die mehrstündige Haltebelastung einer Transalp.

Erste-Hilfe-Maßnahme: Katzenbuckel machen, dehnen. Eventuell den Rucksack um einige Stücke erleichtern (auf andere Teilnehmer verteilen). Abends für einen warmen Rücken sorgen (falls dabei: ABC-Pflaster aufkleben).

Nackenschmerzen

Gerade bei längeren Anstiegen (gestreckte Sitzposition, Rucksackgewicht) kann es zu Verspannungen im Nackenbereich kommen.

Vorbeugung:

- Am Bike: Lenker höher stellen oder gleich einen gekröpften Lenker einbauen (Niveauunterschied verringern).
- Am Körper: Im Fitness-Studio gezielt die Nackenmuskulatur trainieren.

Erste Hilfe-Maßnahme: Wenn es das Gelände ermöglicht, regelmäßig den Kopf senken, direkt vor das Vorderrad schauen. Anhalten und Nacken dehnen.

Kniebeschwerden

Davon sind die einen mehr und die anderen gar nicht betroffen. Die hohe, tagelange Belastung,

Kleine Schürfwunden behindern eine Alpenüberquerung normalerweise nicht. Desinfizieren sollte man sie immer!

Ein schiefer Rucksack führt über kurz oder lang zu Muskelverspannungen und Rückenschmerzen.

Kniebeschwerden gehören nach ein paar Tagen zu den häufigsten Problemen auf einer Alpenüberquerung.

Der Schluck aus einer Bergquelle kann Magenprobleme nach sich ziehen. Das ist in den Bergen kein Spaß!

Hitze, Überlastung und zu wenig Flüssigkeit führen schnell zu einem Krampf. Gut, wenn man dann Hilfe bekommt!

Total erschöpft? Dann gönnen Sie sich doch mal eine Pause. Darauf sollten auch die Mitfahrer Rücksicht nehmen.

aber auch falsch eingestelltes Material können die Ursachen sein.

Vorbeugung: Am Bike: Sitzhöhe überprüfen, eventuell Beinstreckung erhöhen. Sattel höher stellen oder weiter nach hinten schieben. Am Körper: Vor und nach jeder Etappe die Beinmuskeln dehnen, nicht zu schwere Gänge fahren und auf einen runden Tritt achten!

Erste-Hilfe-Maßnahme: Absteigen, vordere Oberschenkel-Muskulatur (Quadrizeps) dehnen. Nacken dehnen. Verspannte (weil zu schwache!) Nackenmuskeln können ins Knie ausstrahlen. Das Knie nach der Etappe kühlen und entzündungshemmende Creme auftragen.

Krämpfe

Manche Biker überfällt er nie, andere werden regelmäßig von ihm heimgesucht – die Rede ist vom Muskelkrampf. Der klassische Krampf entsteht, wenn die Muskulatur überfordert wird. Und das kann beim Mountainbiken sehr schnell gehen. Dabei unterscheidet man zwei Arten:

Erstens den Überlastungskrampf: Die Muskelbelastung ist beim Mountainbiken im Vergleich zum Rennradfahren intensiver, da der Körper Vibrationen und Schläge ausgleichen muss. Grobes Gelände fordert deshalb die Oberkörpermuskulatur stark. Das Gleiche gilt auch für die Beinmuskulatur, die in langen, harten Anstiegen – aber auch auf schweren Abfahrten – über Gebühr strapaziert wird.

Die zweite Krampfart ist der Hitzekrampf: Er entsteht durch eine Dysbalance im Mineralienhaushalt, die zumeist durch starkes Schwitzen und mangelndes Trinken ausgelöst wird. Viele denken dabei direkt an Magnesiummangel. Viel häufiger ist es jedoch eine Natrium- oder Kalium-Unterversorgung, die den Krampf herbeiführt.

Vorbeugung:

- Kleine Gänge fahren, viel trinken und trainieren: Ein gut trainierter Muskel krampft bei hohen Belastungen weniger schnell.
- **Sitzposition überprüfen:** Oftmals entstehen Krämpfe durch eine falsche Haltung auf dem Bike. Ein starker Niveauunterschied von Len-

ker zu Sattel quält die Nacken- und die Rückenmuskeln. Kontrollieren Sie auch die Fußposition auf dem Pedal.

- **Viel Trinken:** Auch bei kühlen Temperaturen kann es zu einem Hitzekrampf kommen, wenn die verlorenen Mineralstoffe nicht nachgetankt werden. Meist reicht ein natriumreiches Mineralwasser zur Versorgung aus. Beim Blut-Check stellt man fest, wo eventuelle Elektrolyt Defizite liegen.
- Vor langen Etappen können durchblutungsfördernde **Salben** Krämpfen vorbeugen.
- Nach harten Belastungen lieber nicht dehnen, Stretching kann die Regeneration der Muskulatur verlängern! Stattdessen die betroffenen **Muskeln massieren**.
- Regelmäßig **Wechselduschen** machen (heiß/kalt) und die Beine mit einem scharfen Duschstrahl massieren.
- Auf langen Etappen vom Start an **Lockerungsübungen** machen (Beine ausschütteln). Erste-Hilfe-Maßnahme: Ist der Krampf erst mal da, hilft nur eines: Sofort viel trinken und dehnen. Der Muskel muss behutsam gegen die Richtung, in die er sich zusammenzieht, gestreckt werden. Jede Dehnung 15 bis 20 Sekunden halten und zwei- bis dreimal wiederholen. Wenn der Krampf nicht verschwindet, Dehnzeit verlängern.

Wadenkrampf: Auf den Boden setzen, das Kniegelenk des betroffenen Beins nicht durchstrecken, sondern 90 Grad anwinkeln und dann mit beiden Händen die Fußspitze zum Körper heranziehen. Die Ferse bleibt auf dem Boden.

Zehenkrampf: Fuß mit einer Hand an der Ferse halten. Mit der anderen Hand die Zehen und den Fuß nach oben drücken

Oberschenkelkrampf: Auf den Rücken legen und das verkrampfte Bein nach oben strecken. Bein mit beiden Händen in Kniehöhe festhalten. Fuß bis 90 Grad herunterziehen und den Oberschenkel langsam zum Oberkörper ziehen. Alternativ: Oberschenkel auf Baumstamm oder Oberrohr legen und langsam das Knie nach unten drücken.

Unterzuckerung/Hungerast

Entsteht durch starke körperliche Belastung ohne entsprechende Nahrungszufuhr. Die Symptome sind Heißhunger, kalter Schweiß, Zittern, Muskelkrämpfe, Kopfschmerz, Seh- und Sprachstörungen bis hin zur Bewusstlosigkeit.

Vorbeugung: Essen und trinken Sie auf Tour regelmäßig und zwar bevor der Körper Hunger oder Durst meldet (alle 15 Minuten trinken, alle 45 Minuten etwas Leichtes essen). So hat der gefürchtete Hungerast keine Chance. Trotzdem vergessen viele vor Anstrengung oder starker Hitze, dem Körper „Treibstoff" zuzuführen. Dann kann es zur Unterzuckerung des Körpers kommen.

Erste-Hilfe-Maßnahmen: Den Betroffenen beruhigen und ihm sofort Kohlenhydrate (Energieriegel, Schokolade, Cola, Traubenzucker, Brot etc.) geben. Im Allgemeinen bessert sich der Zustand sehr schnell und Sie können bald weiterfahren.

Lockeres Stretching kann die Regeneration beschleunigen. Dehnen Sie aber nicht bei Muskelkater!

Keine falsche Eitelkeit: Sonnencreme ist Pflicht in den Bergen. Braun werden Sie sowieso!

Verletzungen durch Sonneneinstrahlung

Sonnenbrand

Hautpartien wie Nase, Wangen, Nacken, Oberarme und Oberschenkel sind der UV-Strahlung beim Biken besonders ausgesetzt. Die Sonne strahlt in der Höhe stärker als im Tal und wird mit jedem erklommenen Höhenmeter intensiver.

Symptome: Sonnenbrand spürt man meist abends nach der Tour:

- **Verbrennungen ersten Grades:** Rötung, Schwellung, Schmerzen.
- **Verbrennungen zweiten Grades:** zusätzliche Blasenbildung der Haut.
- **Verbrennungen dritten Grades:** Risse und Hautverlust. Ein Zeichen dafür, dass tiefe Hautschichten geschädigt sind.

Vorbeugung: Schmieren Sie sich deshalb eine halbe Stunde vor Tourenstart mit einem sehr hohen und schwitzfesten Lichtschutzfaktor ein: im Gesicht, Nacken, an den Beinen und vor allem an den Armen. Da sie den ganzen Tag den Lenker halten, sind nackte Arme der Sonne am stärksten ausgesetzt.

Erste-Hilfe-Maßnahmen: Zur Schmerzlinderung feuchte Tücher auflegen und Quark oder Brandwunden-Gel auftragen. Ein Weiterfahren ist nur möglich, indem Sie die betroffenen Hautstellen auf den nächsten Etappen bedecken (Armlinge, Beinlinge).

Wenn die Haut bereits Blasen bildet: steril abdecken und einen Arzt aufsuchen.

Sonnenstich

Reizung der Hirnhäute durch direkte Sonneneinstrahlung.

Symptome (treten erst nach mehreren Stunden auf): Kopfschmerzen, roter Kopf, Nackensteife, Schwindel, Übelkeit, Erbrechen und Krampfanfälle.

Vorbeugung: Für Biker eigentlich eine Selbstverständlichkeit – Helm aufsetzen. Und zwar auch bei der Auffahrt!

Erste-Hilfe-Maßnahmen: Oberkörper hochlagern (im Schatten!), Kleidung öffnen, Kopf und Nacken mit nassen Tüchern kühlen. Kleine Schlucke trinken.

Hitzschlag

Feuchte, schwüle Luft kann die Schweißabsonderung des Körpers behindern. Bei starker körperlicher Anstrengung kann es dadurch im Körper zu einem Hitzestau (bis über 40 Grad) mit Kreislaufproblemen kommen.

Symptome (nach ein bis zwei Stunden): Schwindel, pochende Kopfschmerzen, hohes Fieber, Durst, trockene aber heiße Haut, Übelkeit, Erbrechen, bis hin zu Krämpfen und Bewusstlosigkeit.

Vorbeugung: den Temperaturen entsprechende atmungsaktive Funktionssachen anziehen, Tempo und Puls deutlich senken, viel trinken.

Erste-Hilfe-Maßnahmen: Oberkörper hochlagern (im Schatten!), Kleidung öffnen, Kopf und Nacken mit nassen Tüchern kühlen. Dabei elektrolythaltige Getränke verabreichen.

Beine hoch, Kopf tief: Nach einem Sturz, bei Überlastungen oder einem Sonnenstich ist die Schocklage die Erste Hilfe.

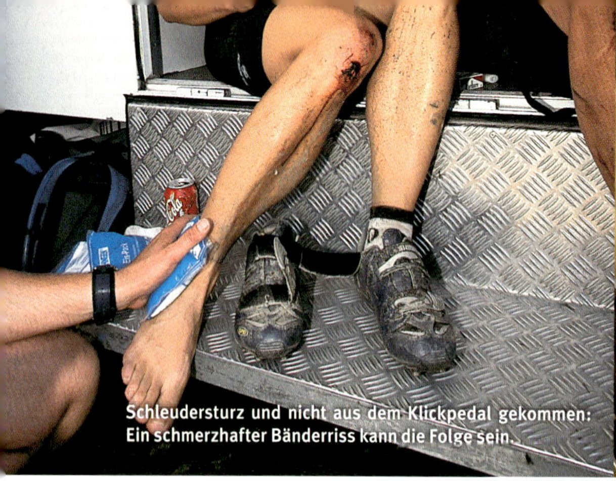

Schleudersturz und nicht aus dem Klickpedal gekommen: Ein schmerzhafter Bänderriss kann die Folge sein.

Obwohl der Empfang in den Bergen nicht überall garantiert ist, sollten Sie auf jeden Fall ein Mobiltelefon dabei haben.

Die häufigsten Verletzungen während einer Alpenüberquerung, die schlimmstenfalls zur Aufgabe zwingen können:

Wund geriebene Stellen (Gesäß)

Wer acht Tage lang über mehrere Stunden im Sattel sitzt, wird mit diesem Problem mehr oder weniger stark konfrontiert.

Symptome: Mehr oder weniger starkes Brennen, offene Stellen, Haarwurzel-Entzündungen und Pickel, die durch Entzündung zu schmerzhaften Furunkeln heranwachsen können.

Vorbeugung:

- Am Bike: Sattelstellung überprüfen, ggf. Neigung leicht verändern.
- Am Körper: Achten Sie auf eine perfekt sitzende Bikehose mit nahtfreiem, gutem Sitzpolster, die Sie ohne Unterwäsche tragen. Das Polster muss aus weichem Material bestehen und sich gut an den Körper anpassen. Es darf auch nach mehrmaligem Waschen keine Falten werfen. Waschen Sie das Polster unbedingt nach jeder Etappe gründlich aus und bestreichen Sie es vor dem Anziehen großzügig mit einer antiseptischen Sitzcreme. Entlasten Sie das Gesäß, indem Sie zwischendurch mal in den Wiegetritt gehen.

Erste-Hilfe-Maßnahmen: Behandeln Sie die wunde Fläche nach der Tour mit Gesäß-, Penaten- oder Wundcreme.

Wenn sich bereits ein sehr schmerzhaftes Furunkel gebildet hat, suchen Sie einen Arzt auf!

Blasen

Typische Blasenherde von Alpenüberquerern entstehen an den Handflächen (schlecht sitzende Handschuhe) und bei längeren Tragepassagen, die man auf normalen Touren nicht gewöhnt ist, an den Füßen.

Vorbeugung: Achten Sie auf gut sitzende Schuhe, die auch beim Laufen bequem sind. Die Socken sollten eng anliegen und im Schuh keine Falten werfen. Kleben Sie gefährdete Hautstellen vorsorglich mit Tape ab, wenn Sie anfällig für Blasen sind.

Erste-Hilfe-Maßnahmen: Wasserblasen mit einer desinfizierten Nadel aufstechen und mit einem speziellen Blasenpflaster versorgen.

Schürfwunden

Ein kleiner Sturz und schon ist es passiert: Irgendwo ist die erste Hautschicht mit Sicherheit weggerubbelt. Die Wunde blutet kaum, nässt aber und brennt vor allem abends unter der Dusche.

Vorbeugung: Vorausschauendes, sicheres Fahren. Schutzbekleidung tragen (Handschuhe!).

Erste-Hilfe-Maßnahmen: Schürfwunden sollten Sie desinfizieren und großflächige Wundstellen zusätzlich mit einer desinfizierten Gaze schützen. Bei Anzeichen einer Wundinfektion (starke Schwellung, Eiterung, Fieber) unbedingt einen Arzt aufsuchen.

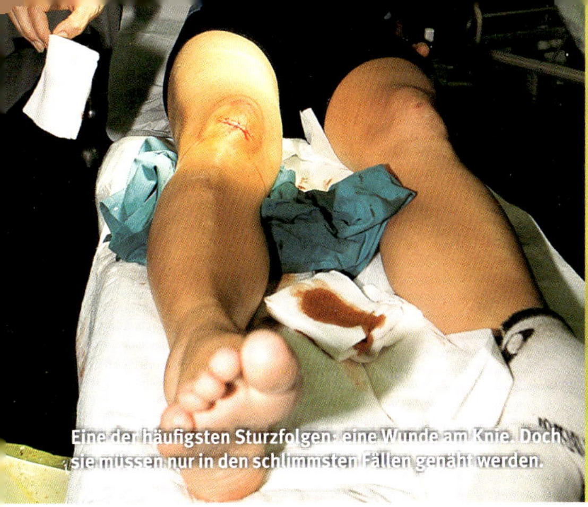
Eine der häufigsten Sturzfolgen: eine Wunde am Knie. Doch sie müssen nur in den schlimmsten Fällen genäht werden.

Aus der Traum, Ziel nicht erreicht: Gerade auf vermeintlich einfachen Asphalt-Abfahrten ist man oft zu unkonzentriert.

Platzwunden
Beim Sturz schlagen Sie mit einem Körperteil (z. B. Ellenbogen, Knie, Gesicht) so auf, dass die Haut und die darunter liegenden Gewebeschichten rissartig aufplatzen. Diese Wunden bluten meist stark.
Vorbeugung: Vorausschauendes, sicheres Fahren. Auf kniffligen, verblockten Trails absteigen!
Erste-Hilfe-Maßnahmen: Stark blutende Wunden mit einem Druckverband (Kompresse) oder Klammerpflaster versorgen. Eventuell die Wunde mit fließendem Wasser säubern. Falls die Blutung nicht stoppt: Arzt aufsuchen, damit die Wunde genäht oder geklammert werden kann. Ein Weiterfahren ist normalerweise möglich, schützen Sie die Wunde durch einen Verband vor Schmutz.

Prellungen und Verstauchungen
Durch einen schlagartigen Aufprall (z. B. auf einen Felsen) zerreißen im Körper feine Mikrostrukturen (z. B. Blutgefäße). Die betroffene Stelle schwillt mehr oder weniger stark an. Die Diagnose lautet Prellung (Muskulatur) oder Stauchung (Gelenk).
Vorbeugung: Vorausschauendes, sicheres Fahren. Auf kniffligen, verblockten Trails absteigen!
Erste-Hilfe-Maßnahmen: Kühlung (kaltes Wasser) und ein Verband (Kompression) stoppen ein weiteres Anschwellen. Salben wie Heparin, Dolobene und Wobenzym helfen die Schwellung abzubauen, aber auch sanfte Bewegung (leichte Belastung bis zur Schmerzgrenze).
Bei einer schweren Prellung großer Muskelgruppen (z. B. Oberschenkel) nur noch Rollen oder die Tour gleich abbrechen, sonst verstärkt sich die Verletzung.

Gehirnerschütterung
Vorübergehende Funktionsstörung des Gehirns durch Schlag oder starke Erschütterung (Sturz).
Symptome: Kopfschmerzen, Konzentrationsschwäche, Übelkeit, Erbrechen, evtl. kurze Bewusstlosigkeit.
Vorbeugung: Stürze vermeiden, Helm immer tragen!
Erste-Hilfe-Maßnahmen: Absolute Ruhe, keine weiteren Erschütterungen verursachen. Nur ein Arzt kann feststellen, ob es noch weitere innere Verletzungen des Gehirns gibt. Brechen Sie die Tour ab!

Knochenbrüche
Der betroffene Körperteil ist geschwollen und schmerzt. Bewegungen sind kaum oder gar nicht mehr möglich. Sichere Anzeichen für einen Knochenbruch (Fraktur) sind: Unförmigkeit des betroffenen Körperteils, abnorme Beweglichkeit und knirschende Geräusche bei Bewegung. Besonders häufig: Schlüsselbein-, Handgelenk- und Armbruch, da Mountainbiker einen Sturz meist mit den Armen abfangen.
Vorbeugung: Vorausschauendes, sicheres Fahren. Auf kniffligen, verblockten Trails absteigen!
Erste-Hilfe-Maßnahmen: Ruhigstellen (verbinden, schienen, Rucksack unterlegen), nicht weiterfahren! Wenn möglich zu Fuß (außer das Bein ist gebrochen) in die Zivilisation, einen Kranken-

Falls niemand Hilfe holen kann und das Handy nicht funktioniert: Im gesamten Alpenraum gilt folgendes Notsignal: Der Hilfesuchende gibt sechsmal pro Minute ein Zeichen in regelmäßigen Abständen. Zum Beispiel Winken mit einem roten Tuch, Klopfen mit einem Stein, Pfeifen mit einer Trillerpfeife o. Ä. Werden Sie dadurch entdeckt, antworten die Retter dreimal pro Minute ebenfalls mit einem hör- oder sichtbaren Zeichen.

wagen rufen oder den nächsten Arzt aufsuchen. Bei einem offenen Bruch: unbedingt die Bergrettung alarmieren, die Blutung stillen und den Körperteil behelfsmäßig ruhigstellen (Rucksack oder Kleidungsstücke unterlegen). Nicht schienen, da die Wunde eventuell durch die Bewegung noch vergrößert wird.

Schock

Akut einsetzende Minderdurchblutung und damit Sauerstoff-Unterversorgung lebenswichtiger Organe. Ein Schock ist immer ein lebensbedrohlicher Zustand! Es gibt verschiedene Ursachen, die einen Schock hervorrufen können. Die typischen Schockauslöser bei Alpenüberquerern sind:

1. **Unfall/Sturz:** Adrenalin schießt ins Blut und verengt die Kapillargefäße. Die Durchblutung wird vermindert. Dabei handelt es sich zunächst um eine Schutzfunktion des Körpers. Er zentralisiert die Blut- und Sauerstoff-Versorgung der lebenswichtigen Organe wie Herz, Gehirn und Lunge. Doch langfristig wird auch der Blutrückfluss zum Herzen vermindert.
2. **Allergie** (Insektengifte, Blütenpollen, Medikamente, Lebensmittel)

Symptome: Blässe, kalter Schweiß, Frösteln, trockene Zunge, Atemnot, flacher Puls.

Vorbeugung: Stürze durch sichere Fahrtechnik und vorausschauendes Fahren vermeiden. Nehmen Sie entsprechende Medikamente mit, wenn Sie Allergiker sind!

Erste-Hilfe-Maßnahmen: Beine hochlagern (Rucksack unter die angewinkelten Beine, maximal im 70-Grad-Winkel), damit das Blut zum Körper zurückfließen kann, Warmhalten (Kleidungsstücke unter den Patienten legen!), kleine Schlucke zu trinken geben. Wenn diese Maßnahmen nicht helfen, sofort die Bergrettung alarmieren. Starke Schockzustände können lebensgefährlich werden.

TIPP Wenn Sie Allergiker oder Asthmatiker sind, bedenken Sie, dass die Pollen- und Blütezeiten in Hochlagen anders sind als im Flachland. Sie könnten auch auf Pollen reagieren, die es im Flachland

Das gehört ins Erste-Hilfe-Set:

- 2 Verbandpäckchen
- Mullkompressen (als zusätzliche Wundauflage bei stärkeren Blutungen)
- 1 Elastische Binde (bei Verstauchungen, Zerrungen)
- 1 Verbandtuch (bei großflächigen Hautabschürfungen)
- Pflaster (kleinere Wunden)
- 2 sterile Wundgaze (bei infektionsgefährdeten (Schürfwunden)
- Klammerpflaster (bei Riss- und Platzwunden)
- Blasenpflaster
- Sicherheitsnadeln oder Tape (zum Befestigen der Verbände)
- Signalpfeife (Notsignale)
- Desinfektionstinktur
- Wundsalbe
- Dolobene-Salbe (o. Ä.)
- Schmerztabletten (Aspirin)
- Elektrolyt-Pulver (Magnesium)
- Sonnencreme
- Gesäßcreme, Penatencreme
- Bach Notfalltropfen, innerlich

Damit die Leitstellen eine sinnvolle und zielgerechte Rettung planen können, brauchen sie eine detaillierte Notfallmeldung: ···> **WAS ist passiert?** ···> **WIE VIELE Verletzte?** ···> **WO ist der Unfall passiert?** ···> **WER meldet den Unfall?** ···> **WANN ist es passiert?** ···> **WETTER am Unfallort? (Für einen eventuellen Hubschrauber-Einsatz sind Sichtweite, Windstärke und Windrichtung am Einsatzort wichtige Angaben)**

gar nicht gibt. Treffen Sie also sämtliche Vorkehrungen und nehmen Sie Ihre bewährten Medikamente mit.

Hilfe holen in alpinem Gelände

Die Rettungsnummer im kompletten Alpenraum: 112.

Sie funktioniert auch ohne SIM-Karte, indem Sie einfach die SOS-Taste Ihres Handys drücken. Falls Sie sich in einem Funkloch befinden, sollte einer der Gruppe (vorausgesetzt, Sie sind mindestens zu dritt und einer kann beim Verletzten bleiben) so weit ins Tal abfahren, bis er wieder Empfang hat oder eine Ortschaft, Hütte erreicht. Aber merken Sie sich vorher mittels Karte die genaue Position des Unfallortes!

Verhalten bei einem Hubschrauber-Einsatz

Der Einsatz von Hubschraubern hängt vom Wetter, vom Gelände und der Tageszeit ab. Um dem Piloten die Landung zu erleichtern, sollten Alpenüberquerer folgende Grundregeln kennen:

- **Landeplatz suchen:** Ein Hubschrauber braucht zum Landen einen möglichst ebenen Platz von 25 x 25 Meter. In der An- und Abflugschneise von ca. 100 Metern dürfen keine Hindernisse stehen, die höher als 15 Meter sind (Bäume, Felsen, Masten).
- **Internationale Signale für die Luftrettung:** Die Person, die den Hubschrauber einweist, sollte mit dem Rücken gegen den Wind stehen. So zeigen Sie dem Piloten die Windrichtung an, denn der Hubschrauber muss immer gegen den Wind landen. Außerdem recken Sie beide Arme gestreckt und V-förmig nach oben. Für den Piloten bilden Sie damit ein Y. Das bedeutet Yes, ich brauche Hilfe. Halten Sie dagegen einen Arm nach oben und einen Arm nach unten, bilden Sie ein N für No, ich brauche keine Hilfe.
- **Nach der Landung:** Warten Sie, bis der Pilot Ihnen ein Zeichen gibt. Nähern Sie sich dem Hubschrauber nur von vorn oder seitlich, niemals auf Höhe des Haupt- und Heckrotorenbereiches!

In wirklichen Notsituationen rettet der Hubschrauber möglicherweise Leben. Dann sollten Sie wissen, wie Sie ihn vom Boden aus dirigieren können. Mit den in Y-Form gestreckten Armen signalisieren Sie: Yes, ich brauche Hilfe!

Für eine Woche im Juli sind die Biker die Könige der Alpen. Bei der Transalp-Challenge, dem Etappenrennen auf den Spuren Hannibals, krönen sie ihren Kaiser. Über 500 Teams kämpfen um die Ehre, als Finisher im Ziel anzukommen!

Könige der Alpen

Der Weg über den Alpenhauptkamm ist der härteste der Transalp-Challenge. Die berüchtigte Tragepassage übers Pfitscherjoch folterte die Teilnehmer nur bis 2003. Heute führt ein geebneter Weg nach oben.

Wunderschön und doch so bösartig: Auf dem Weg durchs Val Venegia kommen einige Fahrer an ihre Grenzen, müssen im tiefen Schotter absteigen und schieben. Als Trost bleibt der Ausblick!

„Das schönste Gebirge der Welt", werden die Dolomiten gerne genannt. Auf der östlichen Route der Transalp-Challenge genießt man meist auf zwei oder drei Etappen das schroffe Dolomitenpanorama (Geisler-Spitzen).

Auf der ersten Etappe durchs Karwendel sind alle Teilnehmer noch frisch und stark. So zieht sich das über 1000 Fahrer große Feld wie ein Lindwurm den Schotteranstieg zum Karwendelhaus hinauf.

Täglich grüßt das Murmeltier: Auf der Jagd nach Sekunden und dem Gesamtsieg gehen die Leader der Transalp-Challenge jeden Morgen um acht Uhr in der ersten Reihe in Startposition. Hinter ihnen staut sich das Feld hunderte Meter lang.

„Piieep, piieep, piieep. Nein, ich stehe nicht auf, für kein Geld in der Welt. Ich steige einfach aus. Warum so verdammt früh, halb sechs, ich bin doch gerade erst ins Bett. Noch drei Tage diese Quälerei. Auch der Teamkollege ist nicht gerade gesprächig, wortkarg löffelt jeder sein Müsli, obwohl der Magen partout nichts aufnehmen will. Jeden Morgen die gleiche Prozedur, täglich grüßt das Murmeltier. Kurz nach sieben, Gesäßcreme auf den Hintern, rein in die Shorts, Muskelöl auf die Beine und Windjacke drüber. Wir quirlen unseren Energiedrink, checken die Bikes ein letztes Mal und ab in den Startblock. Um acht Uhr knallt die Startpistole. Ring frei für die nächste Etappe.“

Transalp-Challenge – Superlativ einer Alpenüberquerung und für viele Biker der Ritterschlag in der sportlichen Karriere. Die Transalp-Challenge ergänzt alle Reize einer Alpenüberquerung um die Aspekte eines Rennens. Startnummern auf dem Rücken, Zeitnahme, Sieger und Verlierer, acht Etappen, insgesamt über 600 Kilometer und über 20000 Höhenmeter. Die Transalp-Challenge ist die Tour de France der Biker und seit ihrer Premiere 1998 zum Kultrennen geworden. Über sie könnte man ein Buch schreiben. Keine Situation, die es noch nicht gegeben hätte: Heiratsanträge und Trennungen, Knochen- und Rahmenbrüche, jubelnde Sieger und betrübte Ausscheider, verpasste Kontrollstellen, Strafzeiten, Gewitterstürme und Hitzeschlachten.

Bei der Transalp-Challenge wird jeden Tag ein eigenständiges Rennen gefahren, quasi acht Marathons hintereinander. Die Fahrzeiten addieren sich zu einer Gesamtwertung. Dabei zählt dann weniger das einzelne Tagesresultat, als die Summe der Fahrzeiten. Konstante Leistung bringt mehr, als einmal kurz wie eine Sternschnuppe aufzuleuchten. Wer seine Reserven schon am ersten Tag verbraucht, dem fehlt die Substanz für die Folgetage.

„Besser nicht nach oben sehen. Steilster Schotter, schwierig zu fahren – unmöglich zu fahren. Schritttempo im kleinsten Gang. Das blaue Gletschereis und der weiße Gipfel grinsen zu uns herüber. Rückenschmerzen, taube Glieder, Wiegetritt zur Entlastung – das Hinterrad dreht durch. Treten, treten, treten. Du beißt die Zähne zusammen, bist längst im Unterzucker. Warum quälen wir uns also hier hoch? Warum haben wir uns angemeldet? Das Hirn wird leer, noch eine Kurve, noch eine, weiter treten – und plötzlich bist du oben. Der Geist war stärker, der Wille unbezwingbar.“

Grundsätzlich sollte man bei der Transalp-Challenge schon vorher definieren, mit welchem Ziel man startet (sofern die eigene Fitness das bloße Ankommen nicht schon in Frage stellt). Man kann sie touristisch fahren, als Tour, oder als Race um Sekunden. Will man gewinnen, will man sie mit guter Platzierung schaffen, fährt man nur aus Spaß oder kämpft man täglich gegen den Zielschluss. Aber selbst wer nur wegen des Erlebnisses an den Start geht, und sogar unterwegs in Hütten einkehrt, wird vom Rennfieber gepackt. Bei der Transalp-Challenge ist alles organisiert, man fühlt sich wie in einer richtigen Profi-Rundfahrt und bewegt sich auf teilweise abgesperrten Strecken. Start und Ziel werden in den Etappenorten zum Volksfest, das macht das Rennen für alle Biker zu etwas Besonderem. Und plötzlich wird der Kampf um jede Platzierung irgendwie wichtig. Leiden wird neu definiert, doch als Belohnung erreicht auch das Erlebnisspektrum ein neues Level.

„Das habe ich noch nie erlebt, jeder Meter, den ich diesen unglaublich steilen Schotterweg hinaufgeschoben habe, hat sich gelohnt. Ein gigantisches Dolomiten-Panorama springt uns an, schroffe Felszacken, weit über der Baumgrenze, zahlen die Leiden zurück. Ich halte sogar kurz an, um die Eindrücke in mich aufzusaugen. Ich versuche das Bild im Hirn zu speichern, das kann mir niemand mehr nehmen. Und dann: Bremse auf, Lenker festhalten, rein in den Abfahrtstrail. Die Adrenalin-Droge im Hirn schiebt jede Angst vor Defekt, Platten oder Sturz beiseite. Die Anspan-

Der Singletrail nach Neukirchen gehört zu den schönsten und beliebtesten Passagen des Rennens. Hat man den Gipfel erreicht, führt nur noch ein schmaler Pfad direkt hinunter ins Ziel.

nung der langen Anstiege entlädt sich auf dem letzten Hohlweg bis ins Ziel hinunter. Die Arme schmerzen, die Hände brennen. Endlich haben heute mal nicht nur die Beine wehgetan!"

Seit der Premiere der Transalp-Challenge im Jahr 1998 hat sich der Kampf um die limitierten Startplätze zu einem regelrechten Wettlauf entwickelt. Jedes Jahr wurden die Startplätze aufgestockt. Waren bei der Premiere noch 500 Fahrer (250 Teams, 500 DM Startgebühr je Team) am Start, wuchs das Teilnehmerfeld auf knapp 1100 abenteuerlustige Fahrer/innen aus bis zu 36 Nationen in vier Kategorien (Männer, Frauen, Mixed und Masters, 1190 Euro Startgebühr je Team). Unter den gut 500 zugelassenen Zweier-Mannschaften befinden sich durch alle Kategorien etwa 40 Profis, die meisten anderen fahren aus Spaß, wegen der Erlebnisse, wegen der Erfahrung der eigenen Grenzen. Der Unterschied: 30 Stunden Fahrzeit für die Sieger, 75 Stunden für die letzten Teams. Um das Rennen für die zahlreichen Wiederholungstäter abwechslungsreich zu halten, wechselt die Route jährlich zwischen einer westlichen und einer östlichen Alpentour. Jedes Jahr mit einer neuen Streckenführung. Weil die Hysterie um die Startplätze und das Rennen 2004 seinen Höhepunkt erreicht hatte, erhielt die Transalp-Challenge im Jahr 2005 einen neuen Charakter – mit dem Ziel in Jesolo an der Adria statt in Riva am Gardasee. Prompt entwickelte sich ein Run auf die Startplätze wie nie zuvor: Innerhalb einer Stunde nach Anmeldestart war das Rennen ausgebucht!

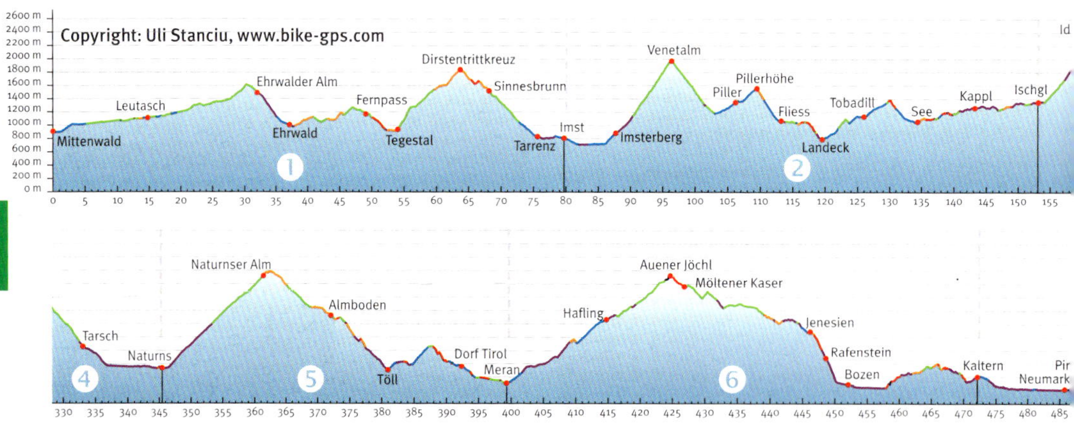

Das Höhenprofil zeigt die Etappen der Transalp-Challenge 2004: Die westliche Route von Mittenwald nach Riva.

Partnerwahl und Betreuung: Die wichtigsten Faktoren beim Rennen über die Alpen!
„Man spricht nicht darüber, aber jeder spürt es. Das Tabuthema im Team: Stärke und Schwäche. Heute ist dein Partner schwächer, du siehst die Konkurrenten davonziehen, willst mitgehen, kannst aber nicht, weil dein Partner schwächelt. Die Wut wächst mit jedem Tritt. Du verfluchst seinen Trainingszustand, seine Moral und dann ihn als Person, ganz pauschal. Aber dann denkst du, dass es dir morgen genauso mies gehen kann. Oder noch schlechter. Du fasst dir ein Herz und lässt dich zurückfallen, machst ihm Mut, munterst ihn auf. Ohne ihn geht ja nix – das ist die Spielregel der Transalp-Challenge. Dann bist du im Ziel, und zwei Stunden später wieder fröhlich und entspannt. Seltsam, wie kurzlebig diese Momente des Leidens einem im Nachhinein erscheinen.“

Bei Partner-Rennen wie der Transalp-Challenge sollte man sich einen Partner mit den gleichen Stärken und Schwächen suchen. Das ist die halbe Miete! Prinzipiell gibt es beim Biken so wie im Straßenrennsport zwei Typen von Fahrern: Der Klassikerspezialist (Eintagesrennen) kann schnell starten, verglüht aber genauso schnell wieder. Dem Ausdauertyp fehlt möglicherweise das letzte Quäntchen Schnelligkeit, er wird im Laufe eines Etappenrennens eher stärker. Sie sollten sich also dieser Fähigkeiten bewusst sein und Ihren Partner passend dazu wählen. Einig sollten Sie beide sich aber auch sein über Motivation und Ziele: Mit welchem Ziel gehen Sie an den Start? Welche Moral bringt jeder von Ihnen mit? Wie viel Zeit steht jedem fürs Training zur Verfügung?

Etappenrennen bedeuten für das Training: Ohne eine sehr solide Grundlage – wie man sie natürlich auch für Eintages-Marathons braucht – geht nichts. Ohne Kraftausdauer und Erholungsfähigkeit erst recht nicht. Bei der Dosierung der Belastung helfen eine Pulsuhr und ein gutes Körpergefühl. Jede einzelne Etappe sollte man nur so schnell fahren, dass man dieses Tempo auch noch über die verbleibenden Tage halten kann, sozusagen mit leicht angezogener Handbremse. Je länger das Rennen dauert, desto wichtiger wer-

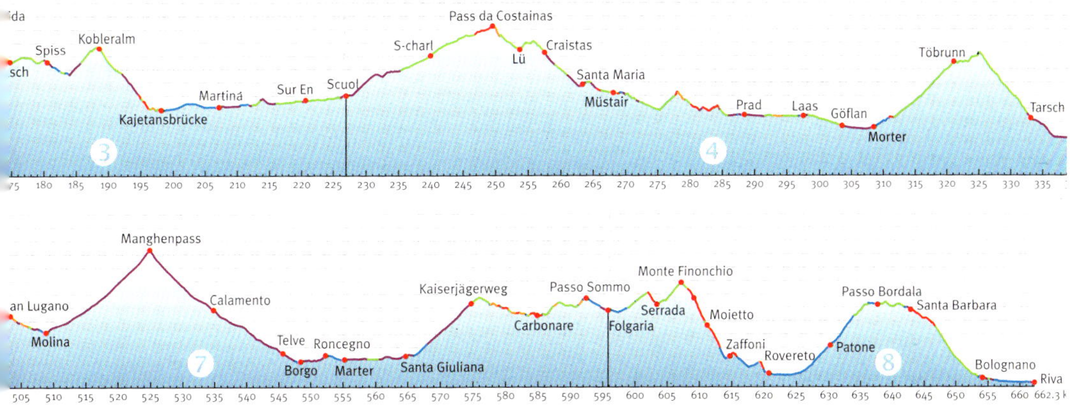

Dabei musste auf der 3. Etappe das Idjoch bei Ischgl (2737 m) bezwungen werden, der höchste Punkt des Rennens!

Zwei Freunde sollt ihr sein: Der schönste Aspekt bei der Transalp-Challenge ist, dass man mit seinem Partner – oder der Partnerin – die Momente des Leidens und der Freude teilen kann. Hier freut sich das Duo Listmann/Eller über den Gesamtsieg.

den die Regeneration und die Betreuung von außen. Wer bei der Transalp-Challenge auf der Jagd nach einer Platzierung startet, dem sollte über die acht Etappen wenigstens ein Begleiter zur Seite stehen. Dieser Job reicht von der Organisation, Hotelbuchung, Bike-Kontrolle und -Wäsche bis hin zum Kochen und Massieren. Die Teams der Sieganwärter verlassen sich – wie bei der Tour de France – dabei meist auf ein mehrköpfiges Team. Rundum betreut kann man sich voll auf sein Rennen und die Erholung konzentrieren. Nach einer schweren Etappe mit 3000 Höhenmetern bedeutet jeder Handgriff weniger und jeder gesparte Schritt ein Plus an Erholung.

Erfahrung macht bei der Transalp-Challenge schneller. Aus Fehlern, die man bei der ersten Teilnahme macht, lernt man für den nächsten Start. Der größte aller Fehler ist aber, übermotiviert zu starten. Wie hart und lang das Rennen wird, erfährt man frühestens nach dem zweiten, spätestens ab dem sechsten Tag am eigenen Leib. An zweiter Stelle folgt ausreichender Schlaf. Wer in den Massenlagern nächtigt, sollte Ohrenstöpsel nicht vergessen!

Die Transalp-Challenge stellt spezielle Anforderungen an:

- Kraftausdauer bis zum oberen Grundlagenbereich. Im „sauren“ Bereich fährt man eigentlich nur ganz selten.
- Laufen, Bike tragen
- Fahrtechnik (fehlerfreies Fahren, ein Sturz kann das Rennen kosten!)
- Körpergefühl (keine Selbstüberschätzung)
- Menschenkenntnis und Teamfähigkeit, um mit seinem Partner gemeinsam zu finishen

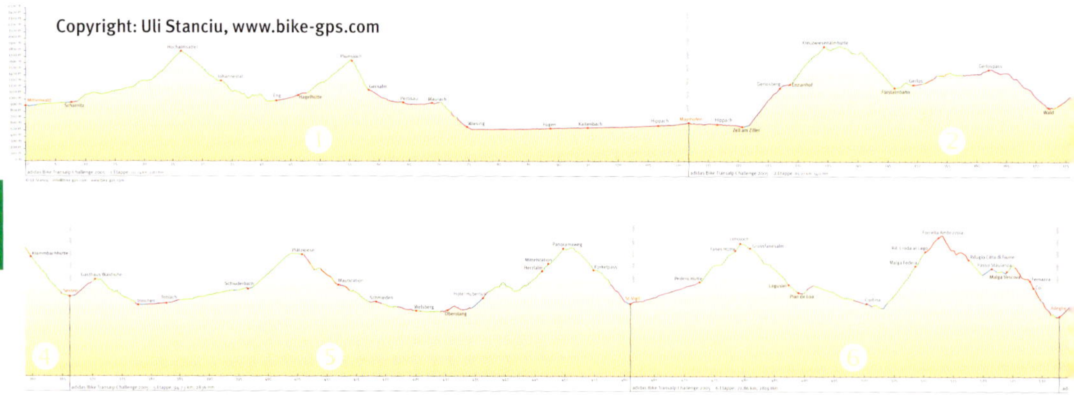

Hier ist die östliche Transalp-Route von 2005. Der harte Fußmarsch zur St. Pöltener Hütte (2481 m) ging in die Geschichte ein.

- Richtige Dosierung, lieber mit angezogener Handbremse fahren! Streng nach Puls fahren! Das sichert Ihr Finish!
- Regenerationsfähigkeit. Eine schnelle Erholungsfähigkeit ist besonders wichtig für alle, die am Tag acht Stunden im Sattel sitzen. Priorität: erst essen und trinken, dann schlafen!
- Erst nach der fünften Etappe geht das Rennen in die richtig schwere Phase.
- Wenn man mit dem letzten Tropfen Sprit ins Ziel rollt, dann hat man richtig dosiert – aber dafür braucht man Erfahrung!

Transalp-Challenge-Statistik von 1998-2007

Jahr	km/hm	hm pro Tag	Siegerzeit
1998	596/18419	74/2300	24.50 h
1999	624/20325	78/2540	28.03 h
2000	646/18249	81/2280	29.33 h
2001	668/22051	83/2756	32.05 h
2002	569/19708	71/2463	26.30 h
2003	651/21520	81/2690	28.45 h
2004	662/22455	83/2806	29.21 h
2005	724/22293	90/2786	32.12 h
2006	665/22572	83/2821	28.32 h
2007	628/20863	78/2608	27.32 h

Die Sieger haben gut Lachen. Hobbybiker brauchen die eineinhalbfache oder sogar mehr als die doppelte Zeit fürs Finish!

Ein typischer Transalp-Challenge-Tag

- **6.30 Uhr:** Wecken, anziehen, Frühstück, Nutellabrot, etwas Müsli oder Trinkfrühstück, falls der Magen nichts aufnehmen möchte. Sie schlafen im Massenlager? Dann planen Sie einen Zeitpuffer für die Warteschlange vor Morgentoilette und dem Frühstücksbuffet ein.
- **7.30 Uhr:** Startvorbereitung, Getränke quirlen, Ausrüstung packen, fertig anziehen, letzter Check am Bike.
- **8 Uhr:** Auschecken aus der Unterkunft, einchecken in den Startblock. Früh drin sein heißt: gute Startposition! Die Startblöcke sind zwar nach Platzierungen sortiert, falls Sie jedoch das Rennfieber gepackt hat, kann das Zuspätkommen aber auch bedeuten, dass Sie sich hinter Teams einreihen müssen, die im Klassement eigentlich hinter Ihnen liegen!
- **9 Uhr:** Start zur Etappe, die Fahrzeit beträgt im Durchschnitt zirka vier bis acht Stunden am Tag. Folglich erreichen Sie das Ziel zwischen 13 und 17 Uhr.
- **15 Uhr:** Direkt nach der Zielankunft beginnt die Regeneration. Idealerweise haben die Betreuer schon das Wohnmobil geparkt und gekocht oder im Hotel eingecheckt. Im Massenlager fällt das Kochen natürlich aus! Essen, trinken, eine Stunde ausruhen, Körperpflege, Massage, Bike-Pflege. Bike waschen, checken und eventuell andere Reifen montieren.
- **Freizeit:** Relaxen, Unterhaltungen mit ande-

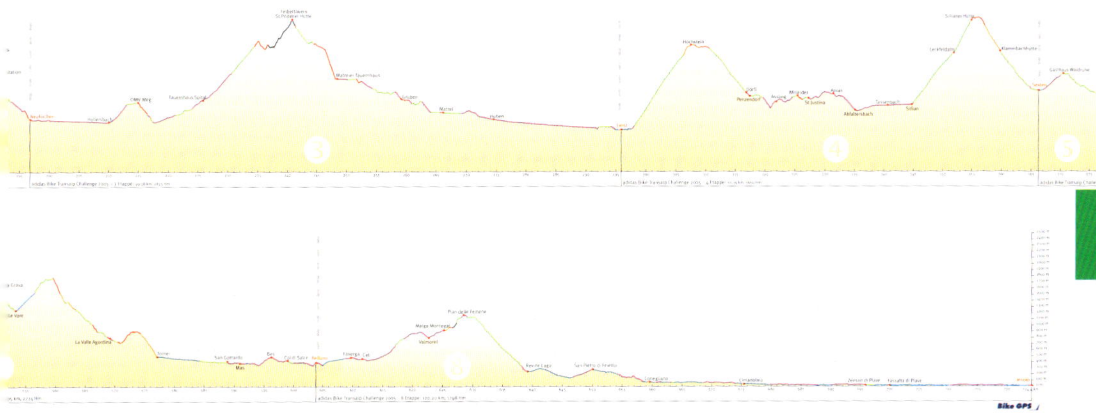

Zum ersten Mal endete das 724 km lange Rennen nach einer langen Flachpassage am Meer – am Strand von Jesolo!

ren Teams und den Betreuern, eventuell Besprechung der Taktik für die nächste Etappe, Etappenprofil auf den Lenker kleben (Etappen stehen kurz vorher im Internet, Kopien bereits zuhause vorbereiten).

- **18.30 Uhr:** Abendessen. Auch bei der offiziellen (und kostenfreien) Pastaparty kommt es häufig zu Warteschlangen!
- **20 Uhr:** Siegerehrung mit Präsentation der Bilder des Tages und der Vorstellung der nächsten Etappe. Das sollten Sie nicht verpassen!
- **22.30 Uhr:** Ab ins Bett, meist schläft man aber erst gegen 23.30 Uhr und hat kaum mehr als sechs Stunden Schlaf pro Nacht. Im Massenlager sind nun Ohrenstöpsel Gold wert! Auch deshalb lohnt sich jede Minute Mittagsschlaf direkt nach der Etappe.

Natürlich gibt es immer Teams, die erst nach zwölf Stunden ins Ziel rollen. Deren Tagesablauf sieht natürlich etwas anders aus. Nahrungsaufnahme und Regeneration kommen dabei zu kurz.

Transalp-Challenge: Kosten pro Team

Startgebühr	1190,- Euro (595,- Euro p.P.)
Hotel-Übernachtung	650,- Euro
Begleiter, Sprit, Maut, Fahrzeug, Massage	900,- Euro
Energienahrung	200,- Euro
Ersatzteile pauschal	200,- Euro
Gesamtkosten	**3140,- Euro**

Am besten schließt man sich mit anderen Teams zusammen und plant für sechs Fahrer einen Masseur und ein Begleitfahrzeug ein! Wer ein Wohnmobil besitzt, kommt günstiger davon, wer mietet, kommt auf ähnliche Kosten (Hauptsaison-Mietpreise!).

Das Wohnmobil als Pitstop: Die Materialpflege darf man während des Rennens nicht vernachlässigen. Das Rennen frisst Reifen und Bremsbeläge, eine Schlechtwetter-Etappe ruiniert Schaltzüge und Ketten.

INFO Kosten einer Transalp-Challenge

Man kann die Transalp durchaus auf Low-Budget fahren, mit Massenlager, Massenverpflegung und Rückreise im Reisebus, und das Ziel erreichen. Die optimale und erholsamste Version der Challenge (für alle, die auf Leistung fahren unverzichtbar) plant man mit Hotelübernachtungen, Begleitern im Wohnmobil, eigenem Masseur und Verpflegung á la carte. Man darf sich für die Strapazen ruhig etwas Luxus gönnen – der geht aber gleich ins Geld. Unter 1000 Euro kommt man auch mit einer „Sparbrötchen"-Transalp-Challenge nicht davon. Alle Infos zum Rennen: www.bike-transalp.de

Die Einheit macht stark: Der Teamgedanke der Transalp-Challenge führt zu außergewöhnlichen Bildern. Man hilft sich gegenseitig, wer sich trennt, kommt meist nicht ins Ziel.

Die Transalp-Challenge-Vorbereitung im Detail

Die Partnerwahl ist wichtigstes Kriterium!

Man sollte die gleichen Stärken und Schwächen haben, wer bergauf auf seinen Partner warten muss und bergab vom ihm abgehängt wird, verliert den Spaß. Die Grundregel des Rennens lautet: Das Team muss zusammenbleiben und die Kontrollstellen gemeinsam passieren (maximal zwei Minuten Distanz zwischen den Partnern), denn getrenntes Fahren ergibt eine Strafzeit! Außerdem riskieren Einzelgänger, dass der schwächere Partner – als extremes Beispiel – mit gebrochenem Rahmen am Berg steht, oder sogar gestürzt und verletzt ist. Dann steht man am Gipfel und wartet und wartet, und muss schließlich doch umdrehen. Auch haben sich schon Teampartner während einer Pinkelpause verloren. Plötzlich weiß keiner von beiden mehr, ob der andere hinter oder vor ihm ist …

Fazit: Nur die Gemeinsamkeit bringt das Transalp-Team ans Ziel!

Darauf sollten Sie bei der Partnerwahl achten:

- Gleiche Stärken, gleiche Schwächen
- Gleiche Ziele, gleiche Trainingsbedingungen, gleiche Moral
- Gleiche Interessen, mit Freunden fahren erhöht den Erlebniswert
- Gleiche Bikes: machen das Haushalten mit Ersatzteilen einfacher

Motivation und Zielsetzung

Wollen Sie so schnell wie möglich über die Alpen und jeden Tag um Sekunden und Platzierungen kämpfen? Dann gehören Sie zur Minderheit im Starterfeld. Die meisten Teilnehmer wollen die Transalp-Challenge in erster Linie überhaupt durchstehen und gesund beenden. Und das alleine gerät für den Durchschnittsbiker schon zu einer Härteprüfung. Jedes Jahr scheiden einzelne Teams schon auf den ersten Etappen aus, weil sie schlecht vorbereitet, körperlich den Anforderungen nicht gewachsen oder einfach zu übermütig waren. Einige Teams mussten in der Vergangenheit sogar schon auf der ersten Etappe die Waffen strecken. Das sollte Ihnen nicht passieren! Nehmen Sie die Vorbereitung und das Training ernst und einigen Sie sich über die Zielsetzung vor allem mit Ihrem Partner!

Anmeldung

Ein halbes Jahr Vorbereitung sollte man sich mindestens geben: Melden Sie sich so früh wie möglich an. Schon im Dezember sollte man sich über den Teilnahmewunsch klar sein, um sein Team dann Mitte Januar sofort mit dem Start der Online-Einschreibung anzumelden! Dabei zählt unter Umständen jede Minute! Ab dann bleibt genug Zeit, sein Betreuerteam zusammenzustellen, sich über das Material klar zu werden und die Unterkünfte zu buchen (häufig nicht ganz einfach, weil die Vermieter Kurzaufenthalte ungern reservieren). Fürs Rennen bekommt man bei der Startnummernausgabe komplette Höhenprofile und ein Roadbook ausgehändigt.

Konkrete Planung

Material zusammenstellen: (Bike, Bekleidung, Ernährung siehe Packliste S. 142)

Unterkünfte planen: Es gibt drei Möglichkeiten, während der Transalp zu wohnen. Das Massenlager bietet die preiswerteste Möglichkeit und macht den Abenteuercharakter perfekt. Nichts für Leute mit leichtem Schlaf, die auf ein eigenes Badezimmer und Privatsphäre stehen. Im Wohnmobil hat man sein eigenes kleines Reich, das aber auch schnell zu klein werden kann. Die Fahrzeugmiete kostet viel Geld, mindestens ein Betreuer muss das rollende Zuhause auch fahren! Die Fahrzeug-Stellplätze in den Etappenorten sind mittlerweile vom Veranstalter limitiert. Die Stimmung im Wohnmobil-Fahrerlager ist toll, aber eine heiße Dusche und Möglichkeiten, nasse Klamotten zu trocknen, bietet ein Reisemobil nicht! All diese Vorteile vereint die Unterkunft in Hotel oder Pension. Gibt man der Transalp-Organisation vor dem Start seine Hotelreservierungen bekannt, bekommt man seine Tasche direkt ins Haus an die Rezeption geliefert. Noch besser hat man seinen eigenen Betreuer mit Begleitfahrzeug dabei, der die Zimmer managt. Nachteil: Teure Variante, das Ein- und Auschecken, Bezahlen und evtl. tägliches Suchen des (Kilometer entfernten) Hotels nervt.

Trainingsplanung

Siehe Seite 145.

Besonders in der Mixed-Wertung des Rennens arbeitet man mit allen (erlaubten) Tricks: Anschieben, Abschleppen, der Mann unterstützt die Frau, wo er kann. Aber auch unter Männer-Teams kann man solche Szenen beobachten!

Bis zu 6000 Kalorien verbraucht man auf einer Etappe. Die Rast an der Verpflegungsstelle gibt neue Kraft.

Transalp-Durchführung

Taktik/Strategie

Wer bei der Transalp-Challenge ankommen möchte, sollte nicht vom Start weg mit Vollgas losbrettern und auch auf den Abfahrten nicht den wilden Mann spielen. Vernünftige Tempowahl heißt die Losung, bei der Dosierung der Belastung helfen eine Pulsuhr und ein gutes Körpergefühl. Jede einzelne Etappe sollte man nur so schnell fahren, dass man dieses Tempo auch noch über die verbleibenden Tage halten kann, sozusagen mit leicht angezogener Handbremse.

Etappenplanung: Im offiziellen Transalp-Challenge-Roadbook wird jede einzelne Etappe charakterisiert, mit Untergrund, Höhenprofil und Schwierigkeitsgrad. Der Untergrund macht die Fahrzeit! Die gefürchteten ganz langen Etappen rollen meist besser als manche kürzere, das kommt auch daher, dass alle Teams diese Etappen aus Respekt lockerer angehen. Die kürzesten Etappen geraten meist zu den schwersten, weil sich alle stark fühlen und Gas geben wollen. Entscheiden Sie selbst!

Ernährung

Der Verpflegung kommt während der Transalp-Challenge eine größere Bedeutung zu, als während einer privaten Alpenüberquerung. Die Ernährung ist das wichtigste Werkzeug für maximale Leistung und Erholung! Beispielsweise gibt es spezielle Regenerations-Pulver, die man trinken kann. Die optimale Verpflegung spielt für jeden Fahrer eine Rolle, egal mit welchem Ziel man startet. Warum soll man sich das Leben schwer machen, wenn man es einfacher haben kann?

Vor der Etappe: Morgens zum Frühstück Kaffee, Müsli, Mischbrot mit süßem Aufstrich oder Käse, eventuell zusätzlich ein Trinkfrühstücks-Pulver. Eine Stunde vor dem Start noch einen halben Liter trinken. Wasserlassen: so knapp vor dem Start wie möglich.

Während der Etappe: Fangen Sie schon nach einer halben Stunde Fahrzeit mit der Verpflegung an. Energydrinks kombiniert mit Energie-Gel oder -riegeln, ab und zu ein Stück Banane.

Nach der Etappe: Sofort nach der Zieldurchfahrt ein Regenerationsdrink (z. B. Ultrasports „Ultra Refresher“ oder Performance „Recup Fast“), leicht verdauliche Kohlenhydrate (Kekse, Kuchen), später kommen bei der obligatorischen Pastaparty dann Nudeln auf den Teller. Auch wenn man des Geschmacks irgendwann überdrüssig wird: Energieriegel bieten das beste Verhältnis der Nährstoffe. Über Verdauungsbeschwerden

Kalorienreiche Energy-Pulver begleiten die Teilnehmer über acht Etappen. Ohne sie geht's einfach nicht!

(Blähungen) können viele Teilnehmer ein Lied singen. Riskieren Sie keine unbekannte Nahrung, Durchfall oder eine Lebensmittelvergiftung bedeuten das sichere Aus!

Material

- **Bike:** Ein voll gefedertes Bike (Fullsuspension) macht mehr Spaß als ein Hardtail, aber die Wahl bleibt Ihnen überlassen – Sie werden sich ja kaum für die Transalp-Challenge ein neues Bike kaufen. Ihr Bike sollte aber in jedem Fall eingefahren, frisch gewartet und mit neuen Verschleißteilen ausgestattet sein.
- **Werkzeug:** Die Transalp-Challenge wird von Service-Teams begleitet, die ihre Dienste jedem Teilnehmer anbieten. Wenn Sie sich selbst mit den wichtigsten Ersatzteilen und Werkzeug ausrüsten, sparen Sie sich Warteschlangen vor den Service-Zelten. Auf den Etappen müssen Sie ohnehin das nötigste Werkzeug mitführen (s. Packliste).
- **Bekleidung:** So flexibel wie möglich. Machen Sie sich auf große Temperaturunterschiede gefasst, wenn es morgens am Start unter zehn Grad hat, wärmt die Sonne mittags auf 25 Grad; auf den höchsten Pässen erwarten einen wieder unter zehn Grad. Arm- und Beinlinge, Muskelöl und eine Windjacke gehören immer in Reisetasche und Rucksack. Sonnencreme mit hohem Lichtschutzfaktor (LSF 20-30) verhindert lästigen Sonnenbrand, den man sich sonst garantiert holt. Ein starker Brand schwächt übrigens Ihre Leistungsfähigkeit!
- **Flasche oder Trinkrucksack:** Wer von Betreuern unterwegs verpflegt wird, fährt mit Trinkflaschen gut. Insbesondere, wenn man die Last eines Trinkrucksacks nicht gewohnt ist oder nicht erträgt. Ein Trinkrucksack bedeutet aber Unabhängigkeit und die Freiheit, ausreichend Ersatzteile und Wechselbekleidung zu transportieren. Laut Reglement muss jedes Team ein Erste-Hilfe-Set und warme Kleidung mit sich führen, das wird stichprobenartig kontrolliert!

Ideal eignet sich die Kombination aus kleinem Trinkrucksack und Flasche. So bleibt man flexibel.

INFO Diebstahlgefahr!

Leider wird die Transalp-Challenge regelmäßig von professionellen Diebesbanden heimgesucht. Es hat sich bei den Gangstern herumgesprochen, dass Mitte Juli zirka 1000 Biker mit hochwertigen Bikes über die Alpen fahren und dabei viel zu oft leichte Beute sind. Häufig schlagen die Diebe direkt vor dem Start oder erst kurz vor Ende der Transalp zu, wenn sie ihre Opfer lange genug beobachtet haben. Schließen Sie Ihr Bike unbedingt im „Parc Fermé" ein und ab, lassen Sie es tagsüber nie auch nur einen Moment aus den Augen. Ein dickes Schloss schützt auch in der Hotelgarage nicht hundertprozentig! Nehmen Sie Ihr Bike mit aufs Zimmer, lassen Sie es keinesfalls nachts draußen – egal mit welcher Absicherung! Auch auf dem Dach des Wohnmobils angekettet sind die Bikes nicht sicher vor dieser Art von organisierter Kriminalität.

INFO Transalp-Statistik: Die häufigsten körperlichen Probleme unterwegs:

- Kniebeschwerden
- Rückenschmerzen
- Sitzprobleme (wunde Hintern)
- Krämpfe
- Schürfwunden
- Blähungen/Magenprobleme
- Kreislaufprobleme
- Sehnenentzündungen
- Blasen vom Laufen

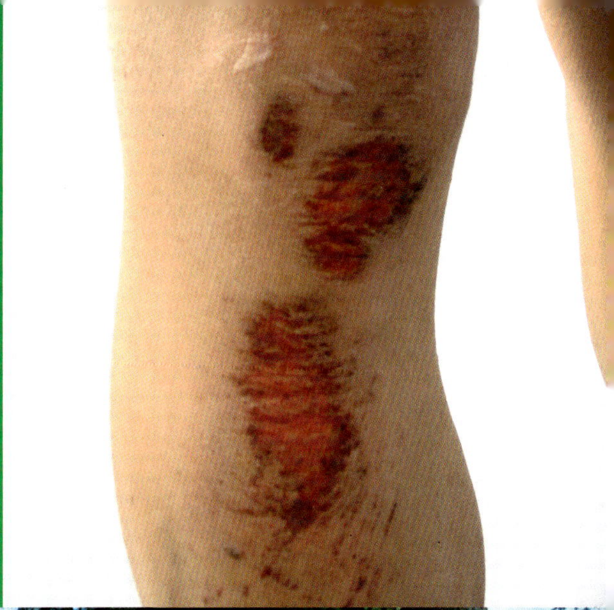

Die häufigsten technischen Transalp-Probleme: Schaltzüge, Bremsbeläge und Bremsanlagen entlüften, lockere Innenlager, Reifenpannen. Verschlissene Ketten und Ritzel vermeidet man, indem man mit einem frisch gewarteten Bike startet!

Bereit für den großen Trip: Die Packliste für die Transalp-Challenge

In die Reisetasche (am besten eine mit Rollen für einen einfacheren Transport):

- O Ohrenstöpsel, Gesäßcreme, Sonnencreme, Massageöl, Kälteschutzöl, Wärmepflaster (große Temperaturunterschiede von morgens bis mittags!), Reisewaschmittel
- O Helm, Brille mit Wechselgläsern
- O 1 (besser zwei) Paar Bike-Schuhe, dünne Überschuhe (Gore-Socken!)
- O 3 Satz Bike-Bekleidung, besser mehr!
- O Verschiedene Funktions-Unterhemden (ärmellos + halblanger Arm)
- O Armlinge, Beinlinge, Knielinge
- O Freizeitbekleidung
- O Regenjacke
- O Badeschlappen

Im (Trink-)Rucksack

- O Kleines Erste-Hilfe-Set (ein Set pro Team ist Pflicht!)
- O Kleine Windjacke, Armlinge/Beinlinge/Knielinge
- O Handy (evtl. Fotohandy oder Fotoapparat)
- O Kabelbinder

Am Bike

- O Satteltasche mit kleinem Werkzeug mit Kettennieter für unterwegs, Kettenstift, 1-2 Schläuche
- O Eingesessener Sattel
- O Neue Bremsbeläge (plus Ersatz)
- O Pulsuhr, Höhenmesser, Tacho
- O Sattelschnellspanner
- O Neue Züge, neue Kette (plus Ersatz)

Im Begleitfahrzeug

- O Ernährung: Ihre Lieblingsriegel, Drinks, Recovery Drinks, Carboloader, Eiweißpulver, Süßigkeiten, Nüsse, (Foto mit all den Produkten drauf!)
- O Evtl. Schutzbleche fürs Bike
- O 2 Satz Reifen, grobes Profil für die schweren Etappen, Semislicks für die asphaltlastigen „Rolleretappen"
- O Gaspatronen plus Pumpe für Dämpfer und Reifen zusätzlich
- O Schlösser! Geklaut wird immer!
- O Wassereimer plus Schwamm, Lumpen
- O Ersatz-Trinkflaschen evtl. mit Flaschenträger
- O Wenn Platz: Trainingsrolle, Montageständer (an den offiziellen Servicepunkten stehen immer Schlangen! Besser selbst machen)

FALSCH So geht's nicht

- Schon auf der ersten Etappe Vollgas geben.
- Seinen (schwächeren) Partner demotivieren.
- Zu wenig essen und trinken.
- Hohes Risiko auf den Abfahrten: Stürze oder Defekte können das Aus bedeuten.
- Alkohol verlängert die Regenerationszeit. Und davon hat man keine Minute zu verschenken.

RICHTIG Partnerstrategie/Teamtaktik Transalp-Challenge: So ist's besser.

- Kräfte teilen: Der stärkere Fahrer repariert Defekte, versorgt beide an der Verpflegungsstation, schiebt und zieht den Partner wenn nötig.
- Der Stärkere hält sich etwas zurück, um dem Partner nach einem Anstieg mit einem Schub über die Kuppe Schwung mitzugeben.
- Der Stärkere gibt Windschatten – darf sich selbst aber nicht verheizen!
- Der bessere Abfahrer gibt bergab die Ideallinie vor.
- Fingerspitzengefühl bergauf: dem Partner vorausfahren demoralisiert. Wenn der Stärkere aber zu langsam hinter dem Schwachen hinterherzuckelt, verschleppt er möglicherweise das Tempo.

PROFITIPP

Biorhythmus: Es klingt zwar seltsam, aber für einige Menschen und besonders nach ein paar Tagen ist das Schwerste am Rennen das tägliche frühe Aufstehen und Essen! Wer das nicht gewohnt ist, sollte schon in der Woche vor der Transalp seinen Körper an das zeitige Erwachen gewöhnen!

Regenerationsernährung
Welche große Rolle die Ernährung spielt, wird deutlich, wenn man sich den addierten Kalorienverbrauch vor Augen führt: Über 36 000 Kalorien verbrennt ein Spitzenfahrer in acht Tagen und knapp 33 Stunden Fahrzeit. Nichts ist so wichtig für die Regeneration wie die Ernährung direkt nach der Etappe.

Beispiel für Kalorienverbrauch

Über 36 000 Kalorien verbraucht man in den acht Etappen im Sattel. Essen, Trinken und Schlafen sind die sinnvollsten Freizeitbeschäftigungen.

1. Etappe:	3.40 h	4 438 kcal
2. Etappe:	4.48 h	5 347 kcal
3. Etappe :	3.36 h	3 994 kcal
4. Etappe :	6.30 h	6 731 kcal
5. Etappe :	3.11 h	3 259 kcal
6. Etappe :	5.17 h	5 582 kcal
7. Etappe :	4.19 h	4 592 kcal
8. Etappe :	3.17 h	3 414 kcal

Die Tabelle stammt von der Transalp-Challenge 2003. Gemessen mit Polar „S720" bei einem 78 Kilo schweren Rennfahrer mit Siegambition.

Der Handel bietet eine Reihe von Produkten an, die sich optimal zur Ernährung unmittelbar nach einer Etappe eignen. Der Mix aus Kohlenhydraten und Eiweiß macht's!

PROFITIPPS

Teamgeist

Bei der Transalp-Challenge braucht man Fingerspitzengefühl. Wenn der Partner mal einen schwachen Tag hat, hilft es nicht, ihn zu demoralisieren. Stattdessen fährt man besser hinter ihm her und zeigt ihm nicht jede Sekunde, wie stark man selbst ist. Der Schwächere hat ohnehin schon genug zu leiden.

Downhill

Bei einer schwierigen Abfahrt sollten Sie die Kette auf das große Kettenblatt und ein großes Ritzel schalten. Dadurch steht die Kette unter Spannung und springt nicht so schnell ab. Wenn man ab und zu locker mitkurbelt, hält das die Kette in ihrer Position. Suchen Sie sich einen schnelleren Abfahrer, dessen Linie Sie – natürlich mit Sicherheitsabstand – folgen können. Auf engen oder asphaltierten Abfahrten ereignen sich häufig Massenstürze.

Taktik

Verhalten starten, hinten raus den Gashahn aufdrehen! Die cleveren Taktiker fahren die ersten vier Etappen mit „Wohlfühltempo". Ab Tag fünf geht das Rennen dann los, die sechste Etappe wird voll gefahren, Tag sieben und acht kriegt man dann auch noch rum! Das klappt aber nur, wenn Sie sich schon auf den ersten Etappen richtig regenerieren konnten (Schlaf, Massage, Regenerations-Drinks!)

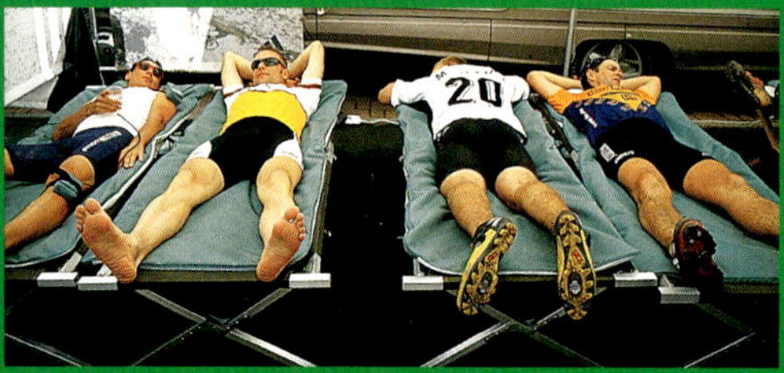

Regeneration

Die Erholung muss direkt nach der Zieldurchfahrt beginnen. Erst trinken, dann essen (kohlenhydratreiche Drinks). Ein kurzes Nickerchen, später Massage und die Beine hochlegen. Früh genug ins Bett, kein Alkohol. Ein Übermaß an Ruhe zahlt sich aus, feiern können Sie dann im Ziel!

Betreuung (für Racer)

Clevere Betreuer stehen auf jeder Etappe an zwei vorher definierten Punkten, reichen neue Flaschen an und geben Informationen über den Rennverlauf. Planen Sie diese Treffpunkte taktisch klug, d.h. nicht in Kurven, nicht bergab, aber an Stellen, wo Sie Ihre Verpflegung aufgebraucht haben werden! Erfahrung aus der Praxis: realistisch trinkt man nur 0,7 Liter Getränk in eineinhalb Stunden. Wer sich ohne Trinkrucksack bewegt, braucht sicher vier große Flaschen pro Etappe! Kurz vor Etappenende freut man sich über den süßen Geschmack und den Zuckerschub einer Cola!

Reifenwahl

Zwei unterschiedliche Reifensätze sollten Sie im Gepäck haben: breite, wenig profilierte für lange Asphalt- oder Schotteretappen und ebenso breite aber grobe Pneus für steiniges Terrain und schwere Abfahrten. Schlauchlos-Systeme können funktionieren, ziehen aber z. B. nach einem Schnitt im Reifen größere Reparaturen nach sich, als ein herkömmliches System. Stecken Sie in jedem Fall Flickzeug, Gaspatronen und eine Luftpumpe ein!

Hitzetipps

- Auch bei größter Hitze das Trikot nicht ausziehen, denn ein Sonnenbrand schränkt die Wärmeregulation noch mehr ein und wirkt sich leistungsmindernd aus.
- Bei extremer Hitze Wasser über Kopf und Körper spritzen, um so durch die Verdunstung zusätzlich zu kühlen.
- Übelkeit, Schwäche und Schwindelgefühl sind deutliche Signale für Überhitzung. Das heißt: Speed weg!
- Kohlenhydratreiche Ernährung lagert Wasser mit ein und vergrößert den körpereigenen Wasserspeicher.
- Alkohol entzieht dem Körper Flüssigkeit, lassen Sie die Finger davon!

Spezielles Transalp-Challenge-Training (für Ambitionierte)

Wer an die Startlinie der Transalp-Challenge rollt, ist sich bewusst: Die nächsten Stunden und die nächsten Tage werden hart. Lange Anstiege erfordern Kraftausdauer, flache Passagen erfordern taktisches Vermögen, und die Abfahrten muss man fehlerfrei bewältigen. Ein Sturz oder Defekt kann die gesamte Vorbereitung zunichte machen. Marathons sind eine eigenständige Disziplin, das Leistungsprofil unterscheidet sich von allen anderen Sparten des Bikesports. Marathon-Etappenrennen wie die Transalp-Challenge differenzieren sich nochmal mehr. Kurzum: Man muss sich speziell vorbereiten.

Wenn man das Höhenprofil der Transalp-Challenge betrachtet, wird sofort klar: Ein guter Bergfahrer hat Vorteile. Am Berg wird die Zeit gemacht, die Anstiege entscheiden maßgeblich über Zeiten und Platzierungen. Was sich beim Biken im Körper abspielt, haben wir schon im Kapitel Training behandelt, für die Transalp-Belastungen betrachten wir das nun noch einmal genauer: Gegenüber einer normalen Biketour bewegt man sich hier vorwiegend im oberen Grundlagenbereich (G1-G2) an der individuellen aeroben Schwelle (IAS). Sie sollten daher auf ein solides Grundlagen-Fundament besonderen Wert legen. Bei einem Energieverbrauch von etwa 3000 bis über 5000 Kalorien für die tägliche drei- bis siebenstündige Tortur muss der Organismus zudem ökonomisch arbeiten und man muss ausreichend essen und trinken.

Langes Kraftausdauertraining (K3) schult den Tritt, denn nur eine gleichmäßige Kraftübertragung sichert bergauf auch auf losem Untergrund die Traktion. Nur mit einem guten Tempogefühl (Kontrolle per Herzfrequenz) kann man sich seine Reserven so einteilen, dass man über die komplette Distanz leistungsfähig bleibt – ohne Einbruch und ohne im Ziel noch allzu frisch zu sein. Wer zu schnell fährt, bricht möglicherweise zum Schluss hin ein, wer zu langsam fährt, ärgert sich im Ziel eventuell über nicht verbrauchtes Potenzial. Das Optimum liegt darin, sich immer an der Belastungsgrenze zu bewegen. Dies ist ein Lernprozess. Auf der folgenden Seite finden Sie einen Trainingsplan für besonders ambitionierte Starter, die das Rennen in Topform angehen wollen. Dazu sollten Sie eine stabile Grundlage besitzen!

Hätten Sie es gewusst? Leistungsvergleich Bikeprofi zu Hobbyradler:

- Jahresfahrleistung: 30000 km zu 5000 km
- Durchschnittliche Leistung: 350 Watt zu 160 Watt
- Körperfettanteil : 7 % zu 18 %
- Klettergeschwindigkeit: 1200 Höhenmeter zu 600 Hm pro Stunde
- Trainingstempo (Straße): 33 km/h zu 26 km/h

Transalp-Training über sechs Wochen für ambitionierte Starter

Woche	Trainingsart	Montag	Dienstag	Mittwoch	Donnerstag	Freitag	Samstag	Sonntag
1	Grundlagen-woche	frei	2-3 h G1	2-3 h G1	3-4 h G1	2 h G1	2 h G1	evtl. Trainings-marathon
2	Vorbereitung auf Trainings-marathon	1 h ganz locker	2 h locker, G1	2-3 h, Berge schnell mit hoher TF	3,5 h, an Bergen mal schnell fahren nach Gefühl	Ruhetag	1 (max. 1,5 h) locker mit 5 min. schnell (Vorbelastung)	Trainings-marathon (lange Runde)
3	Grundlagen-Auffrischung	frei	3 H, G1 locker	3-4 h G1 locker	4-5 h G1	frei	4-5 h G1, bergig	5 h G1
4	G1/G2, Tempo-training	frei	2 h, darin 2x10 km G2 mit hoher TF, evtl. + 1 h abends locker	2 h mit 6x5 min. am Berg, Kraft-ausdauer! Evtl. + 2 h abends ganz locker	frei	2,5 h, darin 3x10 km G2 mit hoher TF, evtl. + 1 h abends	Biketour für Technik! 1000-1500 hm, am Stück!	Biketour für Technik! 1000-1500 hm, am Stück!
5	G2-Training	frei	2 h, darin 2x 10 km G2 mit hoher TF	2 h mit 6x5 min. am Berg, Kraftausdauer!	frei	3 h G1	2 h locker	Marathon: höchstens kleine Runde, max. 3 h, nicht voll fahren!
6	letzte Vorbe-reitungen	2 h lockeres KB/G1	2 h lockeres G1	max. 2 h, mal am Berg kurz antesten	frei	frei oder 1 h locker	Start TAC, 1. Etappe	TAC 2. Etappe

Ernährungstipps für diese Trainingsphase

- In der Regenerationswoche nicht zu viel essen, aber auch nicht hungern. Abends ein Milch-Eiweiß-Shake statt der Mahlzeit! (Immer auf verbrauchte und zugeführte Kalorien achten, sie sollten sich die Waage halten).
- In den Grundlagenwochen: Im Training versuchen, mit wenig Nahrung auszukommen. Danach aber nicht hungern, sondern ordentlich Nudeln essen, sofern ausreichend Kalorien verbrannt wurden. Abends evtl. großen Obstsalat mit Joghurt, bei großen Trainingsumfängen und Intensitäten immer auch auf Vitamine achten! Jetzt nicht mehr krank werden! Immer warm genug anziehen, bei Regen lieber aufs Training verzichten! Einen Tag ohne Training kann man verschmerzen, eine Woche Erkältung aber nicht mehr ausgleichen!
- In der G2/Kraft-Woche: Eiweißreich essen, evtl. abends auch ein Shake. Direkt nach dem Training macht ein Shake oder ein Recovery-Pulver Sinn, in der ersten Stunde lagert der Körper die Nährstoffe optimal ein, das verkürzt die Regeneration und lässt härteres Training zu!
- Insgesamt viel Wasser trinken, lieber wenig Kalorien durch Getränke (Cola, Bier etc.) aufnehmen, erst recht keine Powerdrinks! Die spart man sich fürs Rennen auf!

Ernährung: Fragen und Antworten

Was isst man während einer Transalp-Etappe?

Pro Stunde verbraucht man 800 bis 1200 Kalorien. Je besser der Trainingszustand eines Sportlers ist, desto größer sind seine Energiedepots und umso weniger ist er auf eine Verpflegung während der Belastung angewiesen. Bei Belastungen über einer Stunde ist es dennoch wichtig, die Glykogen-Reserven durch kohlenhydratreiche Snacks zu schonen. Auch eine reife Banane gibt dem Körper schnell Energie und schont die Speicher für den Rest der Belastung. Pro Stunde kann der Magen maximal 80 Gramm Kohlenhydrate (oder 400 Kalorien, entspricht zwei Energieriegeln!) und maximal 800 Milliliter Flüssigkeit aufnehmen. Ein großer und häufig begangener Fehler ist, am Wettkampftag ungewohnte Speisen auszuprobieren!

Was bringt eine Cola auf den letzten Kilometern?

Die Kombination aus Koffein und Zucker gibt dem ausgelaugten Körper einen Kick. Jedoch sollte man solche Energiespender frühestens eine halbe Stunde vor dem Ziel trinken, spätestens aber 15 Minuten vor Ende, sonst kommt der Zuckerschub zu spät.

Ist der Zucker der Energiekonzentrate schlecht für die Zähne?

Die in Riegeln und Gels enthaltenen Zucker bergen Karies-Risiko. Je klebriger die Substanz ist und je länger sie an den Zähnen haftet, desto größer das Risiko. Noch ein Grund mehr, die Produkte sofort mit Wasser herunterzuspülen! Riegel, Pulver und Gels sollten natürlich nicht die normale Ernährung ersetzen!

Woher kommen die Magenprobleme während und nach einer Etappe?

Unter körperlicher Anstrengung ist der Magen in der Regel empfindlich und leicht reizbar. Durch die maximale Belastung verzögert sich die Verdauung. Zusätzlich kann der in manchen Energy-Gels enthaltene Fruchtzucker den Magen reizen, mit der Folge von Durchfall oder Blähungen. Auch zu viel kalte Apfelschorle kann Durchfall auslösen! Weil nicht alles resorbiert werden kann, was dem Körper zur Verfügung gestellt wird, produziert die Darmflora daraus Methan-Gase. Das ergibt Blähungen. Aber: Zucker ist immer noch ein kleineres Übel als eine Erbsensuppe, die erst recht nicht verarbeitet werden kann!

Lexikon

Aerob-anaerober Übergangsbereich (G2-Training)
Misch-Stoffwechsel – Kohlenhydrate und Fette werden zur Energiegewinnung genutzt, Verbesserung der Grundlagenausdauer, oftmals identisch mit Marathontempo.

Aerobes Training (G1-Training)
Wichtigster Bereich des Gesundheitssports, sollte mindestens zwei Drittel des gesamten Trainings betragen. Ausgiebiges, lockeres Biken mit den Kumpels, das macht Spaß. Pulsbereich: ca. 65-80 % vom Maximalpuls.

Anabole Phase
Die anabole Phase bezeichnet den Zustand des Körpers, in dem er Muskulatur aufbaut (anabol = aufbauend). Beispielsweise in oder nach einem Trainingslager.

Anaerobes Training
Sehr intensives Training unter „Sauerstoffschuld“: Man fährt so schnell, dass der eingeatmete Sauerstoff nicht mehr zur Versorgung der Muskulatur ausreicht. In diesem Bereich fährt man beim Intervalltraining (Entwicklungsbereich). Training von Mobilisationsfähigkeit und Tempohärte (nur für gesunde Biker geeignet, da sehr hohe Belastung für das Herz-Kreislauf-System).

Blocktraining
Systematische Trainingsabfolge. An drei Tage in Folge (Dreierblock) mit Steigerung der Dauer schließt sich ein Ruhetag an. Danach folgt ein erneuter Block.

Fahrtspiel
Trainingsmittel mit wechselnden (dynamischen) Belastungen je nach Streckenbedingungen, Lust, Laune und körperlicher Verfassung. Dient der Wettkampfvorbereitung.

Fettstoffwechseltraining
Wie aerobes Training. Lang und locker. Hier trainiert man die Fähigkeit des Körpers, möglichst lange Fette als Energielieferanten zu nutzen. Das ist die ökonomischste Trainingsform. Dadurch, dass die Fettverbrennung mehr Sauerstoff benötigt, sind im Fettstoffwechsel keine hohen Leistungen möglich. Dafür muss man aber über drei Stunden fahren.

HF (S/min)
Herzfrequenz in Schlägen pro Minute (kennzeichnet die Herz-Kreislaufbelastung).

Hungerast
Plötzlich auftretendes Hungergefühl, es wird einem schwarz vor Augen, Schwindel, Zittern, Schweißausbruch und Nervosität führen zum Leistungsabfall. Der Hungerast wird durch einen Abfall des Blutzuckerspiegels ausgelöst.

IAAS
Individuelle anaerobe Schwelle (Muskeln arbeiten unter Sauerstoffmangel, ab Laktat 4). Hier sind Kohlenhydrate die Energiequelle.

IAS
Individuelle aerobe Schwelle (Muskeln arbeiten unter Sauerstoffverbrauch, bis Laktat 2). Hier werden vorwiegend Fette verbrannt.

Katabole Phase
Gefährlich für Sportler. Hier baut sich die Muskulatur z. B. durch strenge Diät, Übertraining oder Verletzungspause ab (katabol = abbauend).

Kompensationsbereich (KB, Regeneration)
Trainingsmittel zur aktiven Erholung nach starken Belastungen. HF unter G1 (keine Intensität, nur locker kurbeln); TF ca. 80-100 U/min (ohne großen Kraftaufwand); Dauer: von 20 min bis max. 1.30 h.

Körperfett (%)
Inaktive Körpermasse in Prozent (Fettanteil an der Gesamtkörpermasse), je weniger, desto

besser. Bei Profis häufig unter sieben Prozent! Normbereich: Männer: 12-25 Prozent, Frauen 15-25 Prozent.

Kraft mit Rad (KmR, K3, KrA)
Spezielles Krafttraining am Berg, TF ca. 50-65 U/min, betonte Zug- und Druckphase. HF bis an die anaerobe Schwelle.

Laktat (Salz der Milchsäure, mmol/l)
ist ein Abfallprodukt des Kohlenhydrat-Stoffwechsels, entsteht bei höherer Belastung und ist im Prinzip ein natürlicher Schutz der Muskelzelle. Zu hohe Laktat-Konzentration im Blut (ab 4 mmol/l) wirkt wie eine Handbremse auf die Muskeln. Laktat verursacht aber keinen Muskelkater! Faustregel: Je schneller man fährt, desto mehr Kohlenhydrate werden verbrannt und desto höher steigt das Laktat. Durch hartes Training kann man die Laktat-Toleranz erhöhen. Durch zu viel hartes Training verliert man jedoch an Grundlagen-Kapazität.

Mesozyklus
Bezeichnet den Trainingsaufbau über mehrere Monate.

Mikrozyklus
Bezeichnet den Trainingsaufbau einer Woche.

Open Window-Phase
So bezeichnet man die Phase, in der der Körper nach hartem Training oder Wettkampf besonders anfällig für Erreger oder Infektionen ist. Die Immunantwort ist schwach, die Erkältung hat leichtes Spiel. Deshalb: nach harten Belastungen warm anziehen, ausreichend essen, fernhalten von Infektionsherden und Menschenansammlungen (U-Bahn, Partys).

RP (S/min)
Ruhepuls in Schlägen pro Min. (Puls in völliger Ruhe, z. B. im Liegen nach dem Aufwachen. (Sportler: ca. 35-55 Schläge). Ein um ca. zehn Schläge erhöhter Puls deutet auf Überlastung, wenig Schlaf oder Krankheit hin. Ein sehr niedriger Puls mit gleichzeitig deutlich reduzierter Fähigkeit, Leistung zu mobilisieren, deutet ebenfalls auf eine Überlastung und Ermüdung hin.

Superkompensation
Bezeichnet die Phase, in der der Körper nach vorausgegangener Belastung wieder vollständig erholt ist. Dabei erreicht man kurzfristig ein höheres Leistungsniveau als vor der Belastung. Beispiel: Drei Tage Training, dann ein Ruhetag – am nächsten oder übernächsten Tag hat man mehr Power.

TF (U/min)
Trittfrequenz, Kurbelumdrehungen pro Minute. Ideal: 70-80 im Gelände, über 100 auf der Straße. Im Kraftausdauertraining 50-65.

Übersäuern
So bezeichnet man eine zu hohe Laktat-Konzentration im Blut. Geht mit Schmerzen in den Beinen und Leistungsabfall einher.

Übertraining
Unkontrolliertes, zu anspruchsvolles Training, privater oder beruflicher Stress, wenig Schlaf und Erholung können zum Übertraining führen. In diesem Zustand ist der Körper nicht in der Lage, Leistung zu bringen, weil er überlastet ist. Gegenmaßnahme: Einige Tage komplette Erholung, danach Trainings-Neuaufbau. Übertraining tritt bei Hobbysportlern jedoch selten auf.

VO2 (ml/KG)
Sauerstoffaufnahme gemessen in ml pro Kilo Körpergewicht (Sauerstoffverbrauch in Bezug zum Körpergewicht), je höher der Wert, desto besser die Leistung.

Watt (Watt/KG)
Leistung in Watt pro Kilo Körpergewicht (Leistungsfaktor für die Beurteilung des Fitnesszustandes), relative Wattleistung: je höher der Wert, desto besser das Verhältnis von Gewicht zu Leistung.

Stichwortverzeichnis

Abfahrten (Downhill) 95, 106, 144
Abnehmen 82
Alternativsport 75
Anfängerfehler 24
Anmeldung 138
Asphaltstraßen 34
Ausrüstung 58 ff.

Bekleidung 64 ff., 140
Besprechung 105
Bike 59 ff., 140

Defekt 141
Diebstahl 68, 140

Einsteigertipps 77
Energieriegel 68, 83, 102
Entfernungen 52
Ernährung 82, 91, 102 ff., 139 ff., 143, 147
Ersatzteile 62
Erste Hilfe 68, 115, 122
Etappe 100 ff., 132 ff.
Etappeneinteilung 36
Etappenrennen 130 ff.
Etappenziel 107

Fähigkeiten 73
Fahrtechnik 74, 95 ff.
Faustregeln 90
Fettstoffwechsel 74

Geführte Tour 28
Gepäckfrage 27
Gesundheit 90
Gewicht 74, 58
Gewitter 102, 112 ff.
Gletscher 25
GPS-Gerät 30, 41
Grundlagenausdauer 74
Gruppenstärke 25
Guide 46 ff., 100

Handy 115, 120, 123
Hilfe holen 123
Hitze 119, 145
Höhenmeter 36, 52, 73
Höhenprofil 31, 36, 132 ff.
Hotel 43
Hütte 42
Hüttenrast 24

Kalorien 102
Kalorienverbrauch 143
Karten 39, 50 ff.
Kartenlesen 50 ff.
Kniebeschwerden 116
Königsetappe 37
Kosten 45, 136
Kraftausdauer 87
Krafttraining 93 ff.
Krämpfe 117

Laufen 75
Lawinen 25
Leistungscheck 73
Leistungsdiagnostik 80
Leistungsunterschied 105

Marathon 130
Mitfahrer 25, 73
Motivation 25, 73, 137
Muren-Abgänge 113
Muskelkater 91

Navigation 39 ff.
Nebel 112
Nordstau 101, 111

Ostalpen 34

Packliste 69, 142
Partnerwahl 133, 137
Pausen 104
Pensionen 42
Planung 22 ff., 138
Probleme 141
Pulsmesser 64

Radcomputer 64
Regeneration 88, 106, 143, 144
Regen 111
Reifenwahl 59, 145
Roadbook 29, 40
Route 28 ff.
Routenplanung 26
Routenwahl 28
Rückenprobleme 116
Rucksack 66 ff.
Rücktransport 27, 44

Schloss 68
Schmerzen 116 ff., 141
Schotterweg 34
Schwierigkeitsgrad 33 ff.
Schwitzen 104
Sicherheit 115 ff.
Sonne 119
Startplätze 132
Startpunkt 101
Steigungsgrad 34, 53
Stretching 88, 91

Tagesplan 102
Taktik 139
Teamtaktik 142, 144
Teilnehmer 25
Temposteuerung 102
Trails 34, 55
Training 72 ff., 145 ff.
Trainingsbereiche 78
Trainingslager 86
Trainingspläne 84 ff., 145 ff.
Trainingsregeln 80, 90
Trainingssteuerung 79
Trainings-wissenschaft 76 ff.
Trainingsziele 77
Transalp-Challenge 124 ff.
Traumtouren Transalp 29
Trinken 103, 118
Trittfrequenz 91

Unfälle 115
Unterkünfte 27, 42 ff.
Unterzucker 118

Veranstalter 46 ff.
Verletzungen 120
Vorbereitung 74 ff.

Waldwege 34
Wärmegewitter 26
Waschen 106
Waschsachen 68
Werkzeug 62, 140
Westalpen 34
Wetterbericht 111
Wetterlage 26
Wettersturz 112
Wind 113
Wintereinbruch 114

Zeitraum (der beste) 25
Ziele 75, 77

Wir sagen Danke: den Fotografen Marco Toniolo, Holde Schneider, Markus Greber, Ronny Kiaulehn, Daniel Simon und Michi Müller, Sabine Listmann, Peter Brodschelm für die Tipps und Uli Stanciu für die Höhenprofile.

Über die Autoren

Gitta Beimfohr (Jg. 1969), gelernte Reiseverkehrskauffrau, kam während ihres Tourismus-Studiums 1995 zum BIKE-Magazin und absolvierte dort ein Volontariat. Seither leitet sie das Reise-Ressort in Europas größtem Mountainbike-Magazin. Es gibt kaum eine bikefähige Region auf der Welt, über die sie nichts weiß. Alpenüberquerungen sind ihr Steckenpferd, nicht nur weil sie bei BIKE schon unzählige Leser-Anfragen zum Thema Transalp beantwortet hat. Sie selbst überquerte die Alpen schon mehrmals – auf eigene Faust, per GPS und zweimal als Teilnehmerin bei der Transalp-Challenge. Aus eigener Erfahrung weiß sie, dass im Hochgebirge alles passieren kann. Aber auch, dass es für Extremsituationen wie Gewitter, plötzliche Wintereinbrüche, Materialschäden und folgenschwere Stürze im Hochgebirge Lösungen gibt.

Christoph Listmann (Jg. 1973) ist Mountainbiker der ersten Stunde. Er fährt seit 1989 Bike-Rennen und hat dabei in jeder Disziplin Erfahrung gesammelt. Als Redakteur für die Ressorts Fitness, Race und Test arbeitet Listmann seit 1995 beim BIKE-Magazin in München und kennt die Antworten auf alle Fragen rund um Fitness und Training. Seit der Premiere im Jahr 1998 war Listmann bei fast jeder „BIKE Transalp-Challenge" am Start. Er belegte bei den Profis den fünften Gesamtrang (1998), den dritten Platz (2001) und erkämpfte sich 2003 zusammen mit der Profibikerin Karen Eller in der Mixed-Kategorie den Gesamtsieg.
Als Coach begleitete Listmann das Profiteam Carsten Bresser/Karl Platt bei der Transalp-Challenge 2002 zum Sieg. Christoph Listmanns erstes Buch „Mountainbike Marathon" (erschienen 2003) widmet sich der Vorbereitung auf Langstreckenrennen. Das vorliegende Buch „Erlebnis Transalp" hat er im Bereich Training und Fitness dagegen auf die Bedürfnisse der Einsteiger getrimmt. Listmann gibt seine Erfahrungen in Form von Seminaren und Trainingsplänen weiter. Kontakt: ···› **www.marathon-coaching.de**

Bildnachweis

Titelfoto und Rückseite: **Marco Toniolo**
Fotos:

Marco Toniolo:	6, 8, 10, 12, 16, 18, 19, 24, 26, 29, 32, 34, 35, 38, 42, 70, 72, 74, 77, 79, 83, 88, 90, 95, 96, 97, 98, 100, 101, 103, 111, 112, 114, 115, 116, 117, 119, 120, 148, 150
Holde Schneider:	14, 20, 22, 27, 39, 41, 43, 44, 45, 50, 52, 102, 104, 106, 108, 113, 116, 118
Michael Müller:	124, 126, 128, 129, 130, 131, 132, 133, 134, 136, 137, 138, 139, 142, 143
Markus Greber:	30, 31, 40, 48, 51, 53, 54, 66, 67, 68, 69, 79, 107, 116, 120, 121, 144
Daniel Simon:	59, 64, 65, 67, 93, 94
Rainer W. Spitzenberger:	75, 81, 92, 120, 140, 141, 143, 144
Ronny Kiaulehn:	46, 76, 87, 92, 123
Georg Grieshaber/Claudia Beimfohr:	152
Christoph Listmann:	78, 123, 141
Michael Brackenhofer:	110, 112

Literaturverzeichnis

Traumtouren Transalp, Mountainbike Marathon, Bike-Fahrtechnik